ANDRÉ AUZOUX

LA DERNIÈRE CAMPAGNE DE L'AMIRAL DE LINOIS (1803-1806)

Extrait de la *Revue des Etudes historiques*

(1909-1910)

PARIS
LIBRAIRIE ALPHONSE PICARD ET FILS
82, RUE BONAPARTE, 82

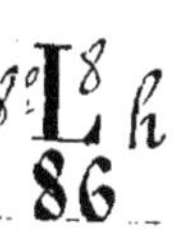

LA DERNIÈRE CAMPAGNE DE L'AMIRAL DE LINOIS (1803-1806)

MACON, PROTAT FRÈRES, IMPRIMEURS.

ANDRÉ AUZOUX

LA DERNIÈRE CAMPAGNE DE L'AMIRAL DE LINOIS (1803-1806)

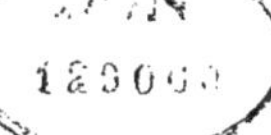

Extrait de la *Revue des Etudes historiques*

(1909-1910)

PARIS

LIBRAIRIE ALPHONSE PICARD ET FILS

82, RUE BONAPARTE, 82

La dernière Campagne de l'amiral de Linois[1] (1803-1806)

Linois avait connu la gloire à Algésiras[2] : il semblait destiné à un grand rôle, en cas d'une nouvelle guerre maritime. On lui confia une mission dans l'Inde, puis on l'y oublia, alors que la suprématie maritime se disputait dans les mers de l'Europe. Trois années durant, il battit l'Océan Indien, la mer de Chine, l'Atlantique-sud, occupant des forces anglaises supérieures, portant de rudes

1. SOURCES. — **Manuscrits** : *Archives de la marine* (A. M.); — *Archives des Colonies : Ile de France* (A. C.); — à la *Bibliothèque municipale de Caen, Les papiers du Gal Decaen* (P. D.); — *Archives Nationales* (A. N.); — *Bibliothèque nationale, Manuscrits, Nouvelles acquisitions françaises*. 1. *Ile de France : Documents pour l'histoire civile et militaire*; 2-3. *Correspondance à l'occasion de l'histoire de l'Ile de France, papiers de Saint-Elme-le-Duc* (B. N., *Mss*.). — **Imprimés** : PRENTOUT, *L'Ile de France sous Decaen, 1803-1810* (j'aurai à faire de fréquents renvois à cet excellent et consciencieux ouvrage, tout en ne partageant pas toutes les appréciations de l'auteur); — DE BONNEFOUX, *Mémoires du baron de Bonnefoux, capitaine de vaisseau, 1782-1855*; — du même, *Maneuvrier complet, traité des manœuvres de mer à bord des bâtiments à voile*; — KERMEL, *Journal historique de la Campagne de l'Inde, 1803-1806*; — BOUVET, *Précis des Campagnes de l'amiral Pierre Bouvet*; — TOMBE, *Voyage aux Indes orientales*; — HENNEQUIN, *Biographies maritimes*; — FABRE, *Les Bouvet*; — CHEVALIER, *Histoire de la marine française sous le Consulat et l'Empire*; — TROUDE, *Batailles navales de France*; — LECOMTE et FULGENCE GIRARD, *Chroniques de la marine française*; — ADRIEN D'ÉPINAY, *Renseignements pour servir à l'histoire de l'Ile de France jusqu'à l'année 1810*; — NAPOLÉON, *Correspondance*; — *Moniteur Universel*; — *Nouvelle Revue rétrospective*, 2e série, 1903, *Missions de Lefèvre en France*; — *Revue de Bretagne*, 1906, L. DE GIBON, *Croisières de l'amiral de Linois dans la mer des Indes*; — *La Semaine*, 1848; — *Revue des Études historiques*, juillet-août 1903. *Lettres inédites de l'amiral de Linois*; — W. JAMES, *The naval history of Great Britain*; — BRENTON, *id.*; — CLOWES, *The royal Navy*; — LAUGHTON, *The Naval Miscellany*, I; — *Annual Asiatic Register*, et journaux anglais.

2. V. notre étude, *Linois à Algésiras*, dans la *Revue des Questions historiques*, 1907.

coups au commerce britannique, sans être ni secouru matériellement, ni soutenu moralement. Il connut, alors, les tristesses de la défaite, pis encore, de la calomnie, puis, pendant huit années, fut comme enseveli dans une longue captivité. Sa carrière était finie.

Cette dernière campagne nous fera bien connaître les qualités comme les défauts de Linois, et, sans tenter une apologie, l'examen de sa conduite nous permettra de le justifier des disgrâces de la fortune, de la sévérité des jugements de ses contemporains et des historiens. Elle nous fournira, en outre, quelques enseignements utiles : on verra qu'on n'improvise pas les expéditions maritimes, qu'il faut, au chef, indiquer un but précis et fournir les instruments appropriés, avoir enfin une marine fortement constituée. On n'organise pas au bruit du canon.

En lançant des divisions, faibles et sans homogénéité, sur les mers lointaines où elles ne trouveront ni base outillée, ni renforts, on pourra gêner, paralyser même le commerce de l'ennemi ; mais un peuple riche qui lutte pour la suprématie, ne comptera pas les millions sacrifiés : il sait qu'avec de la patience et de la méthode, il écrasera par la concentration de ses forces son adversaire qui, alors qu'il croyait lui avoir porté des coups sensibles, ne lui aura infligé que des blessures sans effet.

Les guerres de course et de croisière du Premier Empire n'ont abouti qu'à peupler les pontons anglais de cent vingt mille prisonniers, à immobiliser, sur nos rades, nos escadres montées par des conscrits et à perdre nos colonies.

Decrès, écrivait à l'Empereur, en parlant des commandants de nos escadres lointaines : « On n'a pas à se plaindre de ces officiers, et on doit, au contraire, des éloges à leur zèle, à leurs travaux et aux efforts indicibles qu'ils ont faits pour réussir... tous ces commandants arrivent exténués au physique et, peut-être, affaiblis de toute manière..... Je crois que les circonstances sont trop défavorables à nos expéditions maritimes pour que Votre Majesté en ordonne d'autres que celles que réclame le recrutement de ses colonies. Les résultats de tout ce que l'on tente sont, évidemment, hors de proportion avec l'énormité des efforts qu'ils coûtent et des pertes qu'ils occasionnent [1]. »

1. Decrès à Napoléon, 11 octobre 1806 ; — A. N., AF IV, 1215.

I

Le premier thermidor an X (20 juillet 1802), Decrès écrivait à Cafarelli, préfet maritime de Brest : « Je m'occupe, en ce moment, des dispositions relatives à une expédition à faire pour l'île de France et les Indes orientales. L'intention du Premier Consul est d'y employer deux vaisseaux armés et trois frégates. Elle doit comprendre seize cent soixante-dix hommes de troupes : il est indispensable que cette expédition soit entièrement prête vers le 20 fructidor (6 septembre). J'ai lieu de croire que les deux vaisseaux séjourneront peu de temps dans l'Inde ; mais, il est presque certain que les frégates y stationneront, et vous savez que les magasins de l'île de France sont démunis depuis longtemps : ainsi, vous jugez combien il importe que tous les bâtiments de l'expédition soient armés, gréés et équipés avec soin, que leurs vivres soient de la meilleure qualité, et il est à désirer qu'ils embarquent des rechanges pour un an. Ce nouvel armement réclame tous vos soins, citoyen préfet, et je n'ai pas besoin de vous observer que la saison favorable au départ ne pourrait être manquée sans qu'il en résultât les plus graves inconvénients [1]. »

Linois fut désigné pour commander cette force navale, en même temps que le général Decaen [2] était nommé « capitaine général » de nos établissements dans l'Inde, fonction qui dissimulait une mission politique. Celui-ci eût voulu partir avant octobre. Deux raisons, d'après Linois, s'y opposèrent : « la nécessité de combiner le départ avec le renversement de la mousson à la côte du Coromandel ; et la seconde, les apparences d'une nouvelle rupture avec l'Angleterre, pendant les derniers mois de l'année 1802, et les premiers de 1803 [3]. » La première raison explique, suffisamment, le départ tardif : la navigation à voiles n'avait pas, alors, accompli les progrès qui permirent, vers la moitié du siècle, aux clippers de commerce, ces routiers des mers, de lutter contre la mousson ou de la tourner : dès lors, les navires qui se rendaient aux Indes avaient grand soin

1. Decrès à Cafarelli, préfet maritime. — A. M., BB[4] 74.
2. Sur Decaen et Linois, v. *Revue des Études historiques*, juillet-août 1903 : *Lettres inédites de l'amiral de Linois (1806)*, p. 366 et notes 1 et 2.
3. Linois à Saint-Elme-le-Duc, 15 juillet 1840. — B. N., *Mss.*, 2-3, p. 66.

de s'assurer le secours de la mousson du sud-ouest qui portait des rivages orientaux de l'Afrique aux côtes de l'Inde, et soufflait de mai à octobre, ce qui fixait aux premiers jours de janvier, l'époque la plus rapprochée pour quitter les ports d'Europe [1]; la seconde eût suffi, également, à justifier le retard, mais elle incrimine singulièrement le plan et l'organisation de l'expédition, ainsi que les instructions données à ses chefs.

D'ailleurs, eût-on pu être prêt à partir à la date primitivement fixée? Des modifications se produisirent qui vinrent encore compliquer les difficultés que rencontrait la préparation d'une telle expédition. Le Premier Consul ayant augmenté les troupes à transporter dans l'Inde et à l'île de France, il fallût prévoir un accroissement des armements maritimes. « Il est probable que les vaisseaux *l'Éole* et *le J.-J. Rousseau*, et les frégates *l'Atalante*, *la Surveillante*, *la Belle-Poule* et *la Sémillante*, la flûte *la Nécessité*, et les corvettes *Malicieuse* et *Nécessité* seront destinés pour l'Inde, et, si j'étais obligé d'employer pour une autre mission ces bâtiments, ils y seraient suppléés par des navires frétés [2]. » Quelques jours après, le ministre réclamant des renseignements sur les ressources du port de Brest en bâtiments de guerre, Cafarelli lui répond; il remarque qu'il eût été utile qu'on lui fît connaître, si les navires devaient être armés en guerre ou sur le pied de paix [3]. Il poussait activement les préparatifs, s'efforçant d'être prêt à toute éventualité : la réparation des vaisseaux, l'embarquement des vivres, la réunion des équipages s'effectuaient aussi promptement que possible. Son zèle était mis à l'épreuve par le manque d'ouvriers, par la difficulté de se procurer des vivres propres à une longue campagne et par la pénurie de marins, la paix ayant provoqué une reprise des armements du commerce. Enfin, un dernier changement fut notifié au préfet maritime : le nombre des troupes était réduit, la marine n'aurait qu'à fournir un vaisseau et trois frégates pour former une division, aux ordres de l'amiral Linois; savoir : le vaisseau *le J.-J. Rousseau*, « qui devra prendre le nom de *Marengo* », et les

1. V. Jurien de la Gravière, *Voyage de la corvette « La Bayonnaise » dans les mers de Chine*, t. I, p. 6.
2. Decrès à Cafarelli, 22 fructidor an X (9 septembre 1802). — A. M., BB^2 74.
3. Cafarelli à Decrès, 29 fructidor an X (16 septembre 1802). — A. M., BB^2 196.

frégates, *l'Atalante*, *la Belle-Poule* et *la Sémillante*. « J'ai recommandé au contre-amiral Linois de réunir ses efforts aux vôtres pour accélérer le départ de cette division qui doit être prête à appareiller vers le 25 nivôse [1]. » Les raisons de ce changement : les besoins de l'expédition de Saint-Domingue ; le véritable motif : ménager les susceptibilités anglaises.

On envoyait ainsi une division, trop faible pour être une force sérieuse, trop forte pour les prétentions anglaises, et cette première erreur allait s'aggraver par les conditions dans lesquelles on allait l'expédier.

« J'ai calculé que ces quatre bâtiments pourront embarquer, ensemble, mille passagers ; et, comme l'expédition de l'Inde ne comprend, environ, que treize cents personnes en officiers, soldats, administration civile, etc... le surplus sera embarqué sur le navire *la Côte-d'Or* [2]. »

Ces calculs du ministre, ou plutôt de ses bureaux, étaient erronés. Cafarelli écrivait lettre sur lettre, pour en avertir ; il démontrait que les navires seraient trop chargés avec les vivres et les effets des passagers, qu'ils ne pourraient embarquer les approvisionnements de la colonie. « Le transport (*la Côte-d'Or*), ne me paraît pas suffire à embarquer trois cent soixante soldats, leurs vivres et leurs munitions de bouche, de mer, de guerre [3]... ». Il n'eût peut-être pas triomphé des bureaux, sans la venue de Linois.

« Le général Linois est arrivé avant-hier au soir. Il est persuadé, comme moi, que jamais ces cinq bâtiments ne suffiront..., et il pense que les vaisseaux seront très chargés avec leurs vivres seulement et les effets des passagers [4]. » Linois, pour obvier au manque de place, proposa de laisser à terre une partie de l'artillerie de ses navires : l'idée était peu heureuse, étant donnée la situation politique ; aussi, Decrès lui fit transmettre, par Cafarelli, l'ordre de conserver toute son artillerie, l'autorisant, s'il fallait se procurer de la place dans les batteries, à placer quelques pièces dans la cale des navires. Il fallut, finalement, malgré les doutes du ministre, affréter deux navires, *la Marie-Française* et *le Malabar*.

1. Decrès à Cafarelli, 11 frimaire an XI (2 novembre 1802). — A. M., BB² 83 ; — du même au même, 15 frimaire an XI (6 novembre 1802). — A. M., BB², 83.
2. 11 frimaire, an VI (2 novembre 1802), précitée.
3. Cafarelli à Decrès, 25 frimaire an XI (16 novembre 1802). — A. M., BB² 196.
4. *Id.*

Les préparatifs se continuèrent, aussi rapidement que le permît le mauvais temps : celui-ci ralentissait les travaux de l'arsenal et la venue par mer des munitions navales attendues.

Le 3 ventôse (22 février), Decaen était arrivé et, dans une conférence entre l'amiral et lui, la répartition des troupes fut arrêtée. L'embarquement eut lieu le 9 ventôse (28 février). Linois comptait mettre à la voile, si le temps le permettait, et se montrait plein d'optimisme sur la situation de sa division : « Des observations ont déjà été faites sur ce que les troupes étaient en trop grand nombre à bord de chaque bâtiment ; mais c'est le résultat de tous les embarquements et je pense que la division peut facilement recevoir toutes ces troupes [1]. » Cet optimisme ne dura pas : il avait compté sans ses hôtes. Ce fut une véritable colonie d'émigrants que ses navires durent transporter. Croyant à une longue paix, passagers civils et militaires arrivèrent avec leurs familles. Beaucoup de jeunes officiers s'étaient mariés ; Decaen regrettait qu'on n'eût pas le pouvoir de le leur interdire. Il eût fallu s'opposer au départ, tout au moins sur les navires de la division, de cette colonie imprévue ; on ne prit aucune mesure. L'encombrement ne connut plus de bornes : batteries, ponts, faux-ponts furent envahis par les passagers et leurs bagages, au grand dommage du bon ordre et de la sûreté des bâtiments. Cette situation mettait « tous ces bâtiments dans une position à ne pas exiger la tenue militaire, qui est indispensable en temps de guerre [2] ». Il y avait une véritable incurie à faire partir ainsi Linois, alors que des craintes de guerre faisaient retarder l'expédition et que les chances de paix ne pouvaient faire illusion à personne. C'était encore aggraver la composition défectueuse de la force navale placée sous son commandement.

Celle-ci comprenait un vaisseau de 74 qui venait d'être mis en état de faire campagne, *le Marengo*, un médiocre marcheur, manquant de qualités nautiques et ayant un grand tirant d'eau. On lui avait adjoint *l'Atalante* et *la Belle-Poule* : frégates de 18 ; *la Sémillante* de 12 [3], excellentes marcheuses, en parfait état. Si la guerre éclatait, elles posséderaient toutes les qualités pour les coups de

1. Linois à Decrès, 11 ventôse an XI (3 mars 1803). — A.M., BB[4] 185.
2. Linois à Decrès, 13 ventôse an XI (4 mars 1803). — A.M., BB[4] 185.
3. Les frégates se distinguaient, alors, par le calibre des pièces de leurs batteries.

main rapides, la destruction du commerce, les apparitions subites sur des points éloignés ; mais, il n'eût pas fallu leur adjoindre *le Marengo* qui annihilait leur utilité et ne constituait pas, avec leur secours, une force suffisante pour la grande guerre.

Les équipages paraissent avoir été composés de solides matelots ; la maistrance [1], de serviteurs dévoués ; mais, comme alors dans toute notre marine, ils manquaient du savoir et des qualités nécessaires à la guerre. Cafarelli constatait, et ceci s'appliquait à la division Linois comme à toute notre flotte, que, si la navigation formait les marins et les officiers et surtout le commandement, le temps de guerre était seul favorable à l'esprit militaire et que, quant au canonnage, les marins ne s'y formaient pas en temps de paix. « Soit incurie, soit effet des circonstances, l'usage des armes est ce que l'homme de mer apprend le moins en temps de paix [2]. »

Un tel aveu, qui semble, dans l'esprit du chef, être la constatation d'un mal endémique et inguérissable, fait comprendre, sans compter d'autres causes, pourquoi notre marine, malgré sa vaillance, ne connut qu'une suite d'échecs. Le remède se serait trouvé dans ce corps de jeunes officiers qui se formaient alors ; instruits, animés de l'esprit militaire, ils auraient remplacé les chefs que la Révolution avait portés du gaillard d'avant, ou même de la tribune des clubs, aux grades supérieurs. Le désastre final vint briser ces beaux espoirs. La division Linois, notamment, comptait une quantité « de jeunes officiers et d'aspirants de la plus grande espérance par leur instruction [3] ». Leur chef se montrait, en les jugeant ainsi, un appréciateur perspicace de leurs mérites ; ses états-majors devinrent une pépinière d'amiraux illustres ou, tout au moins, d'officiers supérieurs distingués [4].

1. Le corps des sous-officiers (premiers et seconds maître etc.).
2. Cafarelli à Decrès, 29 fructidor an X (16 septembre 1802). — A.M., BB[3] 196.
3. Linois à Decrès, 25 frimaire an XII (17 décembre 1803). — A.M., BB[4] 185.
4. Amiraux : Bouvet, né à l'île de la Réunion, quartier Saint-Benoît, le 28 novembre 1775, mort à Saint-Servan, le 16 juillet 1860 ; — Roussin, né à Dijon, le 21 avril 1781, mort à Paris, le 21 février 1854 ; — Hugon, né à Grenoble, le 31 janvier 1783, mort à Paris, le 1er décembre 1852 ; — Halgan, né à Donjes (Loire-Inférieure) le 31 décembre 1771, mort à Paris, le 20 avril 1852 ; — Vrignaud, né à Brest, le 23 février 1769, mort le 26 juin 1841. Citons encore les capitaines de vaisseau : de Bonnefoux, né à Béziers, le 22 avril 1782, mort à Paris, le 14 décembre 1855 ; de Fleuriau, né à La Rochelle, le 12 juin 1785, mort à Paris, le 3 décembre 1862, etc.

Les capitaines Gaudin-Beauchêne et Motard [1], qui commandaient l'un *l'Atalante*, l'autre *la Sémillante*, étaient d'une bravoure consommée et avaient très bien servi. « Motard avait, en outre, des manières charmantes qui ne gâtent jamais rien, et l'esprit plus orné que les autres capitaines [2] ». Bruillac, commandant de *la Belle-Poule*, ne leur cédait en rien comme services; il avait pour lui de belles actions [3]. Très occupé de ses devoirs, ayant le jugement sain, son instruction peu cultivée le mettait dans un état d'infériorité par rapport à ses égaux et à ses inférieurs. *Le Marengo* était commandé par le capitaine de vaisseau Delarue. Sans croire tout ce qu'en a écrit Decaen dans ses *Mémoires* prétendant « qu'il ne serait pas sorti, s'il avait pu présumer que la guerre aurait lieu.., que dans la crainte d'avoir à soutenir un combat il aurait, plutôt, changé de route » [4], il semble qu'il n'ait été qu'un marin médiocre. Capitaine de pavillon de Linois, il se montra un conseiller malencontreux, le seconda mal, de l'avis d'un juge compétent [5]. Agité et tracassier, il contribuera à aigrir les rapports de l'amiral et du capitaine général. Il obtint de Linois, qui finit par l'apprécier à sa réelle valeur, de retourner en mission en France où il se montra son défenseur maladroit. On verra plus tard dans quelles circonstances : il fut remplacé par Vrignaud « un homme d'une bravoure consommée et qui avait très bien servi [6]». Decaen le jugeait « le meilleur et le plus capable de tous les officiers de marine qui étaient à bord du *Marengo* » [7] Ajoutons que tous ces chefs, outre leurs mérites, avaient encore une qualité précieuse : la jeunesse.

On voit que, si l'organisation de la division donnait matière à critique au point de vue matériel, ses états-majors étaient vraiment une élite.

Le 24 pluviôse (13 février), Linois avait reçu ses instructions :

1. Gaudin de Beauchêne, né à Saint-Briac, le 11 septembre 1765, mort à Montpellier, le 19 juillet 1807 ; — Motard, né à Honfleur, le 27 juillet 1771, mort dans cette ville, en 1852.

2. Bonnefoux, *Mémoires*, p. 107.

3. Bruillac, né à Rennes, le 22 février 1764, mort à Port-Louis, le 20 janvier 1836.

4. Decaen, *Mémoires*, P.D., 10.

5. Bouvet à Saint-Elme-le-Duc, 15 octobre 1843, B.N., *Mss.* 2.

6. Bonnefoux, *Mémoires*, p. 106.

7. Decaen, *op. cit.*, P.D., 10.

en accusant réception au ministre, il crut devoir lui signaler une question qu'elles faisaient naître et sur laquelle il appelait, avec une prévoyance que les événements justifièrent, son attention. « Je suis convaincu que le succès de ma mission exige que nos opérations concordent avec celles du capitaine général et que, conformément aux expressions énoncées dans mes instructions, je les concerte avec cet officier supérieur ; mais je dois prévoir, ce qui est dans l'ordre du possible, le cas où je me trouverai, par des motifs majeurs, en opposition d'opinion avec le capitaine général ; il ne manquerait pas de se prévaloir de l'art. I de l'arrêté du 24 fructidor an XI qui dit formellement : « Le capitaine général commandera « immédiatement les forces de terre et de mer. » Mes instructions du Premier Consul et les vôtres, général ministre, sont, évidemment, en contradiction avec cet article puisqu'elles mettent immédiatement sous mes ordres les forces navales, en me prescrivant seulement de concerter mes opérations avec le capitaine général. Je pense que l'esprit de l'arrêté, mettant les forces navales sous l'autorité du capitaine général, ne comprend que les moyens maritimes de la colonie et non la station dans les mers de la colonie [1]. » J'ai cité la lettre tout au long, car, elle retrace, par avance, les difficultés qui surgirent entre lui et Decaen. Il dut se féliciter d'avoir sollicité des éclaircissements à sa première entrevue avec le capitaine général. Dès cette rencontre, par un phénomène assez fréquent entre caractères très opposés, l'antipathie se manifesta entre eux. Decaen trouvait le logement réservé à sa famille et à lui insuffisant et ne voulait plus embarquer sur *le Marengo* ; il prétendit même que la corvette *le Bélier* lui avait été réservée. Cafarelli dut s'entremettre : finalement, le commandant du *Marengo*, ayant cédé son appartement, le fougueux général se calma et consentit à s'embarquer. Incident puéril, précurseur de beaucoup d'autres, non moins ridicules, qui ne mériteraient pas davantage que lui d'être rappelés, si tout cela n'avait dû aboutir à un antagonisme violent, qui nuisit à la cause nationale. Si Linois s'était montré clairvoyant, le ministre fit preuve de bien peu de prévoyance [2] : ses éclaircissements ne firent qu'aggraver la situation qui lui était

1. Linois à Decrès, 25 pluviôse an XI (14 février 1803). — A. M., BB⁴ 185.
2. Decrès à Linois, 3 ventôse an XI (3 février 1803). — A. M., BB⁴ 159 *bis*.

signalée. Il répondit : « L'organisation des colonies, qui subordonne au capitaine général les forces de terre et de mer, ne peut s'appliquer qu'aux forces locales attachées à la colonie dont il s'agit, mais non à la division que vous commandez [1]. » Rien ne fut modifié à l'arrêté du 24 fructidor : le commentaire de Decrès ne fut pas communiqué à Decaen : si bien que le marin et le soldat, ayant des pouvoirs contraires, refuseront de s'incliner devant l'autorité l'un de l'autre, sans qu'on puisse leur en faire absolument grief.

Le 15 ventôse (6 mars), la division prit le large ; à peine dans l'Iroise, les vents soufflant en tempête, *le Marengo* dut mettre en panne ; les frégates l'imitèrent. *L'Atalante* fut en péril ; elle eut des sabords enfoncés, ses batteries remplies d'eau, des hommes blessés. Gaudin-Beauchêne dut alors faire route pour se soustraire aux effets de la mer. « Il vous paraîtra peut-être étonnant, général, qu'une frégate de premier rang se soit trouvée en pareille circonstance ; mais c'est l'effet de la charge qui excédait beaucoup celle qu'on a coutume de leur faire prendre [2]. » Les faits se chargeaient de justifier les critiques de Cafarelli et de Linois. Gaudin-Bauchêne prit le parti de se rendre au cap de Bonne-Espérance, seul point de rendez-vous qui lui eût été indiqué par l'amiral. Il vint d'abord relâcher à la Praya [3], pour remplacer l'eau et les bestiaux que la mer avait enlevés et pour remettre de l'ordre à bord. Il mouilla le 17 floréal dans la rade de Simon's bay, où il eut la satisfaction de voir arriver le lendemain Linois avec *le Marengo* et *la Sémillante*.

Le 19 ventôse (10 mars), *la Belle-Poule* avait reçu l'ordre de se séparer de la division ; elle devait la précéder à Pondichéry, de façon que le préfet colonial Léger pût présider à la remise de la colonie par les autorités anglaises [4]. Decaen avait sollicité de Linois cette mesure et celui-ci avait cru devoir y accéder. Ainsi, l'expédition se trouvait partagée en plusieurs groupes, les transports n'étant partis que postérieurement. C'était faire preuve d'une étrange quiétude.

1. Decrès à Linois, 3 ventôse an XI, (3 février 1803).
2. Gaudin-Beauchêne à Decrès : La Praya, 30 ventôse an XI (32 mars 1803). — A. M., BB⁴ 185.
3. 28 ventôse an XI (19 mars 1803).
4. *Journal de Bruillac*. — A. M., BB⁴ 185.

La traversée s'était accomplie heureusement; les rapports semblaient courtois entre les deux chefs ; Decaen gardait cependant, au fond de son cœur, rancune à l'amiral des incidents du départ : logement peu convenable, refus d'admettre son frère à la table des officiers supérieurs. Linois, en somme, s'était conformé aux règlements.

Decaen descendit à terre pour étudier à son aise la colonie et les ressources qu'elle offrait ; en son absence, Linois dut prendre une mesure qui amena un nouvel incident entre le général et lui. Des soldats débarquèrent, eurent maille à partir avec les habitants, d'où de nombreuses rixes ; d'autre part, le transport *la Côte-d'Or* étant arrivé, son capitaine se plaignit vivement des troupes embarquées, de leur insubordination qui avait causé la mort d'un matelot. L'amiral crut devoir consigner les troupes à bord : il voulait ainsi donner satisfaction aux réclamations du commissaire hollandais De Mist et éviter de fâcheux incidents avec les colons que nos soldats paraissaient traiter en population conquise. Decaen, sans s'arrêter à ses raisons, protesta si vivement, sous prétexte que l'harmonie pourrait être rompue entre la marine et ses passagers, que Linois rapporta son ordre de service [1].

On était sans nouvelle de *la Belle-Poule*. Decaen s'en inquiétait ; au courant des incidents de mer, Linois opinait que les vents avaient dû contrarier l'exécution de ses ordres [2]. Il ne se trompait pas. En arrivant aux atterrages du Cap, la frégate avait été assaillie par un coup de vent qui l'avait rejetée au large. Bruillac pensa, alors, à une relâche à Delagoa-bay, mais « un coup de vent plus impétueux encore que les précédents » le fit renoncer à ce projet. Sa mâture avariée lui causait des inquiétudes ; il abandonna la lutte et gagna Foulpointe (île de Madagascar). Au large de Simon's-bay, la frégate avait reconnu trois navires de la Compagnie des Indes qui « parurent médiocrement satisfaits... et s'éloignèrent [3] ». L'incident, symptomatique, n'éveilla sur le moment aucun soupçon.

Decaen avait appris, par un navire de commerce, que la guerre venait d'éclater dans l'Inde : Anglais et Mahrattes étaient de

1. Saint-Elme-Le-Duc. — B. N., *Mss.* 1, f° 1262. Decaen, *op. cit.*, — P. D., 10.
2. Decaen à Decrès, 30 floréal an XI (20 mai 1803). — A. C., 102.
3. Bonnefoux, *Mémoires*, p. 96.

nouveau aux prises. Il eut hâte d'atteindre l'Inde, et d'y suivre de près les événements; sa mission, dont son imagination ardente grandissait encore l'importance, lui paraissait nécessiter sa présence au poste que le Premier Consul lui avait confié, moins pour y gouverner que pour préparer la lutte future contre la domination anglaise. Il n'ajoutait, d'ailleurs, pas foi aux rumeurs qui couraient sur une rupture entre la France et l'Angleterre. Linois accéda volontiers à son désir ; son eau et ses vivres étaient faits ; les équipages reposés : le 7 prairial (27 mai), la division quittait False-bay. L'un et l'autre ignoraient qu'un navire de guerre français avait été aperçu de Table-bay le 23 mai, puis s'était éloigné. A l'heure où nos navires gagnaient le large, il s'efforçait, luttant contre les vents, de doubler le cap de Bonne-Espérance pour venir à False-bay et y remettre de nouvelles instructions aux chefs qu'un fatal destin en éloignait. Sa venue eût épargné bien des malheurs à l'expédition.

Depuis son départ de Brest, les événements s'étaient précipités. Le 11 mars au matin, Bonaparte reçoit le texte du message du roi d'Angleterre demandant des subsides : c'était la guerre, et très prochaine. « A la précipitation, à la complexité de ses mesures, dans cette matinée du 11, on voit bien qu'il est pris au dépourvu [1]. » Il faut, entre autres mesures, sauver Decaen, ses soldats et l'escadre. Decrès rédige de nouvelles instructions. « Le gouvernement apprend que l'Angleterre fait un armement extraordinaire : ce n'est pas une rupture, mais cela jette un nuage sur ses intentions. Dans cet état de choses, l'expédition ne doit pas aller à Pondichéry [2]. » En conséquence, Linois conduira sa division à l'île de France, où elle attendra.

Cette dépêche fut transmise à Brest où se trouvait le brick *le Bélier*, chargé d'escorter un convoi qui devait être expédié ultérieurement pour l'Inde. Le commandant Hulot prit aussitôt la mer et, le 23 mai, il était au large de Table-bay. Il n'aperçut aucun navire au mouillage. Il fut reconnu par les vigies, mais le port le laissa reprendre la haute mer, sans avoir cherché à communiquer avec lui. Les autorités hollandaises n'avertirent pas Linois. Ainsi s'éva-

1. Sorel, *L'Europe et la Révolution Française*, VIe partie, p. 27.
2. Decrès à Decaen, 20 ventôse an XI (11 mars 1803). — A.N., AF. IV, 1212.

nouit la chance, pour l'escadre, d'être informée du danger. Quand Hulot mouilla le 29 mai, la division était partie et, seuls, les deux transports, *la Marie-Française* et *le Malabar*, étaient au mouillage.

Qui doit-on incriminer pour ce contre-temps ? Decaen rejeta la faute sur le capitaine de vaisseau Claris, officier de port [1]. « Son attachement pour les Anglais est au delà de toute expression », écrivait-il à Decrès [2]. Il se plaignit à Janssens : « Je puis lui attribuer la cause que je n'ai pas été informé, au cap de Bonne Espérance même, des dispositions hostiles des Anglais [3]. » Le gouverneur lui répondit que le coupable, s'il y en avait un, était Hulot, et lui adressa les explications de Claris, qui lui semblaient le justifier [4]. Il avait attendu que le vaisseau fût plus rapproché pour communiquer; mais, « au lieu de paraître vouloir venir en rade, celui-ci ne tira qu'une bordée vers la côte de l'Est, vira ensuite de bord et parvint vers le soir à l'ouest de la batterie Chavanne, prit le large et ne fut plus en vue, ni de la Tête, ni de la Croupe du Lion ». Il n'avait tenu qu'à Hulot de faire parvenir ses dépêches aux officiers supérieurs qu'il cherchait ; car, si le vent soufflait de terre, *le Bélier*, « fin voilier », eût pu, en une heure, être au mouillage « dans la baie la plus commode pour exécuter sa mission à deux heures du Cap ». Ces explications mettent-elles leur auteur hors de cause ? Loin de là, nous semble-t-il. D'abord, il avouait incidemment, dans un autre passage, que le brick, n'ayant pas vu la division au mouillage de Table-bay, s'était éloigné, « la tenue de la saison de la rade étant passée ». Il n'y a donc aucun reproche à adresser à Hulot pour avoir gagné la rade de False-bay, seule relâche sûre à cette époque de l'année. Mais, et à ce grief il ne répondait pas, pourquoi ayant reconnu le brick de guerre comme français, avait-il gardé le silence vis-à-vis de Linois, en relâche à False-bay, de Decaen qui se trouvait à terre ? Son silence est sa condamnation. Il n'y eut pas dessein prémédité, mais négligence lourde.

1. Cafarelli à Decrès, 7 germinal an XI (28 mars 1803). — AM., BB² 85.

2. Sur Claris, v. A. N., AF. IV, 1797.

3. Decaen à Decrès, 23 floréal an XII (12 mai 1804). — A. C., vol. 103; le même à Janssens, 7 brumaire an XI (29 octobre 1803). — A. C., vol. 102.

4. Janssens à Decaen, 12 janvier 1804. —A. C., v. 103 ; Janssens (Jean Willems), né à Nimègue, le 12 octobre 1762, gouverneur du Cap en 1802 ; il dut capituler le 8 janvier 1806 ; il servit ensuite à Java, où il dut encore capituler. Napoléon l'employa en France. Rentré au service de la Hollande en 1814, il mourut le 1er juin 1835.

Le mauvais sort de l'expédition ne retombe pas seulement sur lui : une part incombe au ministre. Il avait bien adressé des instructions à Linois, mais il ne s'était pas avisé que les navires pourraient être séparés, et il avait laissé Hulot sans ordres pour ceux qu'il pourrait rencontrer, si bien que celui-ci, ayant trouvé deux transports au mouillage, *la Marie-Française* et *le Malabar*, les laissa, dans son ignorance des ordres qu'il portait, continuer leur voyage, ce qui amena leur capture.

Le 22 messidor (11 juillet), *le Marengo*, *la Sémillante* et *l'Atalante* mouillaient à Porto-Novo ; la traversée avait été lente, trop lente pour l'impatience de Decaen qui s'en prend dans ses notes à Delarue [1]. *Le Marengo* marchait mal, voilà tout ce qu'il est permis d'affirmer.

Linois et Decaen constatèrent avec surprise que le drapeau anglais flottait toujours sur Pondichéry : ils crurent d'abord que quelque retard de *la Belle-Poule* avait empêché la remise de la colonie, mais une lettre de Léger les détrompa. « Enfin, vous voici ; depuis bientôt un mois, nous ne sommes pas plus avancés que le premier jour. Vous voyez le pavillon anglais sur les débris de la tour qui portait le nôtre. On nous promet une réponse à Calcutta. »

La Belle-Poule avait touché à Foulpointe le 29 floréal (19 mai) ; passagers et équipage avaient mis à profit cette relâche, après soixante-quatorze jours de mer, pour goûter d'un peu de repos. Bruillac écrivit au ministre pour lui rendre compte de sa traversée et se plaindre de la mâture qui lui avait été fournie : sa lettre contient quelques détails intéressants sur son intervention dans les affaires de l'île. « Je n'ai trouvé ici qu'un seul brick de l'île de France, avec quelques négociants qui y sont établis. Ils m'ont instruit de la mauvaise intelligence qui règne depuis cinq mois entre deux prétendants à la royauté : l'un fils légitime et l'autre adoptif, le légitime aime beaucoup les Français ; il a souvent empêché qu'ils soient pillés ; c'est aussi le parti le plus fort. Après avoir pris tous les renseignements nécessaires pour la meilleure conduite à tenir pour l'utilité du commerce, j'ai accueilli le fils légitime en lui faisant le cadeau d'usage. Je lui ai fait présent d'un baril de poudre, de

1. « Il en eût été autrement si le capitaine avait eu plus d'expérience et moins d'inquiétude quand ses officiers faisaient porter de la toile. » — Decaen, *op. cit.*, P. D., vol. 10.

quatre fusils, d'une paire de pistolets, d'un pavillon et d'une flamme nationale. Le premier du mois, je lui ai donné une fête à bord où nous portâmes une santé au Premier Consul; il fut fait une salve de vingt-trois coups de canon. Après le dîner, le préfet colonial, Léger, lui a donné un très beau sabre. Aussitôt que cet accueil a été répandu à terre, plusieurs noirs de l'autre parti se sont débandés et rangés sous les drapeaux de celui-ci. Je pense que la guerre est finie. Le besoin de ma relâche aura un produit, un bon effet pour le commerce de l'île de France [1]. » En intervenant de sa propre initiative, Bruillac nous assurait, pour le temps de guerre, un lieu de ravitaillement précieux. Les vivres embarqués, il leva l'ancre, le 6 prairial (26 mai).

Il nous faut ici, sans entrer dans un exposé complet, indiquer quelle était la situation politique de l'Inde [2]. L'Angleterre avait mis à profit la Révolution pour étendre sa domination. Le sultan du Mysore, Tippou-Saib [3], était connu pour sa politique française; il devait d'abord être l'objet de l'inimitié anglaise. Une première guerre malheureuse affaiblit sa puissance (1790-1792); la venue de Bonaparte en Égypte inspira les plus grandes craintes au gouvernement de l'Inde qui se décida à frapper le coup mortel; Tippou Saib fut vaincu et se fit tuer sur la brèche de Séringapatam (4 mai 1799). Le Nizam avait été placé à son tour sous le protectorat anglais (12 octobre 1800); l'Aoudh démembré par le traité du 11 novembre 1801; enfin, les Nababs de Surate et du Carnatic détrônés en 1800 et en 1801. Malgré de si grands succès, le gouverneur général, lord Wellesley [4], demeurait inquiet. Il surveillait la confédération des Mahrattes; s'étant mêlé aux querelles de leurs princes, il avait obtenu du Peshwa, qui était à la tête des Mahrattes de l'Ouest, de signer le traité de Bassein (31 décembre 1802). Mais, Scindia, Holkar et d'autres princes demeuraient indépendants. Ils avaient, à leur solde, des Français qui avaient organisé et commandaient leurs troupes [5]: Bourquin, Dudrenec et surtout

1. Bruillac à Decrès, Foulpointe, 5 prairial an XI (25 mai 1803). — A. M., BB⁴ 185.

2. PRENTOUT, *op. cit.*, 2me partie, chap. second.

3. Dernier nabab du Mysore (1749-1799).

4. Richard, marquis de Wellesley (1760-1842), gouverneur général de l'Inde de 1797 à 1805.

5. Sur ces Français dans l'Inde, v. HERBERT COMPTON, *A particular account of the European military adventurers of Hindustan from 1784 to 1803*; DE SAINT-GENIS, *Le général de Boigne*.

Perron, successeur de De Boigne [1]. La restitution des établissements français allait devenir un péril si la guerre devait éclater à nouveau. Le gouvernement anglais l'avait compris, dès les premiers nuages. Lord Hobart écrivait à Wellesley [2] : « Certaines circonstances rendent désirables un délai pour la restitution de plusieurs possessions des Indes Orientales qui, d'après les clauses du traité d'Amiens, devaient être remises aux gouvernements français et batave. Je dois signifier à Votre Seigneurie que telles de ces possessions qui seront encore occupées par ses troupes, au moment où vous recevrez cette lettre, ne soient pas évacuées, sans de nouveaux ordres. » Ces instructions avaient été reçues le 30 mars ; les nuages ayant paru se dissiper, de nouveaux ordres parvinrent à Wellesley lui prescrivant de procéder à la remise (8 mai) [3]. Le « Grand Proconsul » était homme à ne s'effrayer, ni des décisions à prendre, ni des responsabilités à encourir. Il comprit qu'un délai serait toujours explicable et que, si la guerre venait à se rallumer, et un politique de sa taille n'en pouvait douter, la mainmise sur nos comptoirs éviterait à la domination anglaise les plus grands périls. Nous serions sans base maritime sur les côtes de l'Inde, privés de tout moyen de soutenir les princes indous ; dès lors, il serait aisé d'achever la ruine de la politique française dans l'Inde, en abattant ses derniers représentants : autrement dit, il fallait détruire les forces organisées par les aventuriers français au service des Mahrattes. Wellesley se prépara donc à attaquer Scindiah. Un auteur anglais a pu dire que l'objet de la campagne n'était pas tant ce prince Mahratte que Perron, officier à son service et, en réalité, un véritable potentat : sans lui, il n'y aurait pas eu la guerre [4]. Le moment était mal choisi pour rendre aux Français leurs établissements ; Wellesley ordonna de ne pas exécuter le traité, mais de se montrer plein d'attention : en un mot, de leurrer nos envoyés pour dissimuler ses desseins.

L'adjudant commandant Binot [5] remit au colonel Demeuron, une

1. Louis Cuillier, connu sous le nom de Perron, né à Château-du-Loir (Sarthe) en 1755, décédé à Fresne (Loir-et-Cher) en 1834 ; de Boigne (1751-1830).

2. Lord Robert Hobart, comte de Buckingham (1760-1816), gouverneur de Madras (1798), secrétaire d'État pour les colonies et la guerre en mars 1801.

3. *Wellesley Dispatches*, éd. par Montgomery-Martin, t. III, 72.

4. Herbert Compton, *op. cit.*, p. 294.

5. Binot (1771-1807), engagé en 1792, général tué à Eylau.

lettre informant le gouverneur général de sa mission. Le 30 prairial (19 juin), Lord Clive [1], gouverneur de Madras, l'informait que la lettre avait été transmise à Calcutta et que le commissaire désigné pour procéder à la remise était le lieutenant-colonel Cullen. Les deux officiers comblèrent Binot et Léger d'attentions. Ceux-ci montrèrent un optimisme robuste ; et, cependant, les raisons de se montrer méfiants ne leur manquèrent pas. « On attribue le retard de la remise à des alarmes occasionnées par les dépêches du 11 mars reçues par Constantinople. On a paru craindre de voir recommencer les hostilités. Depuis deux jours, on est plus calme et les gens qui raisonnent s'élèvent au-dessus des murmures populaires qui tendraient à donner une méfiance très dangereuse [2]. » S'attachant à l'opinion des gens qui raisonnaient, Léger avait fait débarquer les troupes le 21 juin. Bruillac, dont le rôle était purement passif, y voyait plus clair et s'alarmait. En raison de ces bruits, il avait demandé « à retenir à bord une partie des troupes passagères, se trouvant trop faiblement armé » [3]. Léger consentit à laisser une soixantaine d'hommes sur *la Belle-Poule*, mais ils lui furent retirés peu à peu. Cependant, les nouvelles restaient toujours mauvaises. Le préfet colonial constatait « que de nouveaux paquets reçus par la caravane, datés de Londres du 26 mars, paraissaient augmenter l'inquiétude générale à Madras » [4]. Sur ces entrefaites, la division anglaise [5] de l'amiral Rainier [6] qui était à Trinquemalé vint prendre le mouillage de Gondelour [7]. Bruillac réclama alors en soldats, son complet d'armement. Il eût même voulu prendre le large et se porter au-devant de Linois. Léger combattit son opinion ; tout en admettant que *la Belle-Poule* pût s'éloigner, en cas de menaces sérieuses, il ne voulait pas s'abandonner à des craintes qui n'avaient encore d'autre fondement que des bruits populaires. Lui et Binot, tout en reconnaissant

1. Clive, comte de Powis (1764-1839), gouverneur de Madras de 1798 à 1803.
2. Léger à Decrès, 8 messidor an XI (28 juin 1803). — B. N., n. acq. fr., *Mss*. 9374.
3. *Id.*
4. Du même au même, 7 juillet, *ibid.*
5. Vaisseaux : *Tremendous* 74, *Trident* et *Lancaster* 64, *Centurion* 50, *Sheerness*. en flûtes : frégates, *Rose*, *Concorde*, *Dédaigneuse* ; sloop : *Victor*.
6. Rainier (1741-1808), contre-amiral, 1794 ; vice-amiral, 1799 ; amiral 1805.
7. Cuddalore ou Gondelour, 20 milles au S.-O. de Pondichéry.

que les Anglais traînaient l'affaire en longueur, ne pouvaient croire, encore, à une rupture et préparaient tout pour l'arrivée de Decaen. Bruillac restait sur ses gardes. Il fit regréer la frégate, compléta son eau et ses vivres. Un nouvel incident le confirma dans ses craintes.

Sur la demande du lieutenant-colonel Cullen, Rainier avait détaché de son escadre une frégate pour surveiller, en rade de Pondichéry, *la Belle-Poule*. Les Anglais voulurent-ils se rendre compte de la situation du navire, cherchèrent-ils à provoquer un incident, afin d'amener un combat qui eût entraîné une rupture, (dans les guerres précédentes, on avait vu de leur part de semblables agressions), ou y eut-il une simple bravade de leur part ? Toujours est-il que *le Fox* s'avança vers le soir, en louvoyant, vers *la Belle-Poule* avec des allures équivoques. En moins d'une heure, la frégate française acheva de se regréer ; les perroquets et les huniers furent hissés, les dispositions prises pour couper les câbles, les batteries allumées et chacun à son poste [1]. Bruillac observait toujours le *Fox*, anxieux de ce qui allait arriver ; le commandant anglais fit mine de passer sur nos câbles ; alors, piqué par l'insulte et craignant une volée d'enfilade, le commandant de *la Belle-Poule* lui héla d'arriver, sinon, lui couperait ses câbles et commencerait le feu [2]. Le *Fox* plus faible que la frégate française, et ne l'ayant par surprise, comme il l'espérait peut-être, manœuvra en conséquence, mais quand il passa à contrebord, nos marins aperçurent, dans sa batterie allumée, les canonniers à leur poste, les chefs de pièces au pointage. Bruillac envoya un de ses officiers à bord du *Fox* ; il constata que tout était prêt pour le combat : reçu avec une politesse extrêmement froide, il se retira, non sans avoir prié de remarquer que *la Belle-Poule* était également disposée pour l'action. Bruillac se plaignit au colonel Cullen de ces menaces d'agression lorsqu'il avait lieu de se croire garanti par l'état de paix où nous nous trouvions : « Vous êtes garanti par votre épée », répondit le colonel. « Eh bien ! elle sera prête. » [3] Le commandant prit ses dispositions en conséquence et, malgré le départ de la frégate anglaise, il

1. Bruillac à Decrès, 22 messidor an XI (11 juillet 1803). — A. M., BB4 185.
2. Bonnefoux, *Manœuvrier complet*, p. 136.
3. Bonnefoux, *Mémoires*, p. 99.

défendit à qui que ce fût de descendre à terre, Léger devint sérieusement inquiet [1]; mille indices lui ouvraient les yeux. Seul, Binot persistait dans sa quiétude. Tels étaient les événements quand la division arriva au mouillage. Sur la demande de Cullen, l'amiral Rainier avait envoyé deux navires, pour y surveiller *la Belle-Poule*, sans que cela paraisse. Linois trouva donc celle-ci cernée par le vaisseau *le Trident* et la corvette *le Victor*. Decaen et lui furent désagréablement surpris [2].

A peine la division Linois était-elle sur rade que l'escadre Rainier, quittant Gondelour, mouilla « au vent de la rade et à une très petite distance de la division [3] », maintenant une partie de ses vaisseaux sous voiles et en panne. Ce mouvement ne fit qu'accroître l'inquiétude de l'amiral, la situation prise par les Anglais leur permettant d'arriver rapidement sur nos bâtiments ou d'empêcher qu'ils ne gagnassent le large [4]. Il fallait se tenir sur ses gardes, tout en évitant de montrer de l'inquiétude ou de protester contre l'attitude de la flotte anglaise, pour ne pas créer un incident que les Anglais paraissaient souhaiter. Linois prescrivit à tous ses capitaines d'être toujours en branle-bas et prêts à combattre à tout événement; les équipages demeurèrent durant la nuit à leur poste [5].

Decaen demanda à Linois d'envoyer sur *la Belle-Poule*, à Madras, son aide de camp Lefèvre, porteur d'une lettre pour le gouverneur. L'amiral « crut devoir contradictoirement à cette opinion faire valoir toutes les raisons qui pourraient rendre cette mesure dangereuse et même impolitique [6] ». En provoquant une réponse formelle, on risquait de fournir le prétexte à une rupture que le gouvernement de l'Inde paraissait désirer, c'était le côté politique de la demande. L'examinait-il sous le point de vue militaire, Linois objectait alors qu'il lui semblait plus prudent d'avoir ses forces réunies, que, de plus, et la suite justifia sa façon de voir, *la Belle-Poule* courrait

1. Léger à Decrès, 18 et 21 messidor an XI (7 et 10 juillet 1803). — A. C., 101.
2. *Précis historiques de la campagne de l'Inde à dater du 15 ventôse an IX, au 1er prairial XII*, par DELARUE. — A. M. BB4, 185.
3. *Id.*
4. Linois à Saint-Elme-le-Duc, 15 juillet 1840. — B. N., *Mss.* 2, p. 66.
5. Decaen à Decrès, 11 fructidor an XI (29 août 1803). — A. C. 102; — KERMEL, *Journal historique*, etc.
6. Saint-Elme-le-Duc. — B. N., *Mss.*, I, p. 1264.

de gros risques, sans compter que, si des décisions ultérieures étaient arrêtées, elle les ignorerait. Decaen n'acquiesça pas à ces raisons. Habitué à parler en maître, il ne se rendait pas suffisamment compte que la situation exigeait plus de prudence que d'énergie. Quoi qu'il en fût, « Linois pour conserver sa paix avec lui, ordonna à *la Belle-Poule* d'appareiller le même soir et de porter l'aide de camp du général à sa destination [1] ».

Le même jour, *le Bélier* arrivait en rade. Ce fut une surprise, car on ne l'attendait que plus tard. Hulot remit aux deux chefs les instructions que nous avons fait connaître. L'ordre de se retirer à l'île de France arrivait trop tard : on se trouvait à Pondichéry ; il fallait en partir, se dérober, situation périlleuse ainsi que l'écrivait Decaen. « Il n'était pas prudent d'attendre dans la rade de Pondichéry le dénouement de nos incertitudes sur la paix ou sur la guerre ; convaincu surtout que, par le moyen de la caravane, les Anglais seraient les premiers informés, je pensai qu'il fallait se diriger, au plutôt, sur l'île de France [2]. » Il fallait, en outre, agir promptement, car la situation de l'escadre eût été désespérée en cas de combat : l'encombrement des navires, l'armement sur le pied de paix, « armement bien inconsidéré » pour cette expédition, eussent rendu un combat très meurtrier et sans espoir. D'autre part, les Anglais ne s'étaient jamais fait faute d'entamer les hostilités avant toute déclaration officielle. Decaen et Linois discutèrent les mesures à prendre ; « mais, comme s'il eût fallu qu'aucune affaire sérieuse ne pût se traiter entre ces deux hommes sans qu'une discussion en sortît [3], la délibération fut orageuse. Le général voulait rembarquer les troupes débarquées ; Linois se récria, et avec raison. C'eût été dévoiler à la flotte anglaise les intentions de l'amiral. « Je ne dois pas compromettre les bâtiments de ma division », et Decaen de riposter qu'il « devait mettre autant d'intérêt au salut des passagers et des troupes ». Il finit par acquiescer aux vues de Linois. Si nous l'en croyons cependant, Linois aurait été hésitant et eût voulu réunir un conseil : « Un conseil, se serait-il écrié, c'est moi qui suis

1. Saint-Elme-le-Duc. — B. N., *Mss.*, I, p. 1264.
2. 11 fructidor an XI (29 août 1803), précitée.
3. PRENTOUT, *op. cit.*, p. 43.

le conseil !... Pouvez-vous mettre à la voile à minuit ? Si vous le prévoyez, ordonnez vos dispositions en conséquence [1]. » A la vivacité de la riposte, nous croyons sans peine ; mais, si Decaen parla, Linois agit et avec un sang-froid et une décision remarquables.

Decaen s'occupa des troupes restées à terre et de l'administration de la colonie. Il ordonna à Léger de se rendre à terre avec ses ordres pour l'adjudant-commandant Binot et pour la personne qui devait le suppléer comme préfet colonial ; le départ devait être tenu secret, même vis-à-vis des femmes dont les maris étaient à bord. Au moment du départ, une personne de confiance avertirait Binot et lui remettrait la clef sous laquelle se trouvaient renfermées ses instructions [2].

Linois prescrivit à tous ses commandants de mettre à la voile à onze heures et demie sans aucun autre ordre ; puis, « affectant la plus grande sécurité, il s'amarra, comme s'il devait faire un long séjour en rade, adressa plusieurs demandes pour le lendemain aux autorités de terre et de mer ». Il invita même l'amiral Rainier à déjeuner pour le jour suivant [3]. A la nuit tombante, les deux chefs se rendirent à bord des navires, l'un pour renouveler ses ordres aux commandants, l'autre pour annoncer aux officiers supérieurs de troupes les événements et les résolutions prises. A la nuit, les navires étaient parés, les ancres à pic et, à onze heures et demie, la division était sous voiles, avec un ensemble et une promptitude remarquable, *le Marengo* ayant dû sacrifier une de ses ancres.

Linois avait donné la route au Nord, dans le but de se dérober aux poursuites des Anglais, qui étaient à prévoir ; cette route menait sa division par le travers de Madras, ce qui donnait l'espoir de pouvoir rallier *la Belle-Poule* pour se porter ensuite à l'île de France. Un incident changea ces dispositions primitives [4].

Depuis que notre division était sur rade, Rainier avait eu soin de faire louvoyer dans le N.-E. un de ses avisos : précaution sage, pensait-il, car, grâce à lui, le départ de nos navires ne pourrait passer inaperçu. A peine ceux-ci l'avaient-ils dépassé qu'il lança

1. DECAEN, *op. cit.*, P. D. 10.
2. Saint-Elme-le-Duc. — B. N. *Mss.*, I, p. 1295.
3. W. JAMES, III, p. 211.
4. Linois à Saint-Elme-le-Duc. — 15 juillet 1840, B. N. *Mss.*, 2, p. 66, et Saint-Elme-le-Duc, *ibid.*, I, p. 1265.

un pot d'artifice dont les feux éclairèrent un instant tout l'horizon. On crut à bord de nos navires entendre dans le lointain trois coups de canon, signal de l'escadre anglaise [1]. Linois inquiet modifia la route; il fit gouverner deux quarts à l'Est, pour dépister Rainier. Au jour, aucune voile ne se montrant à l'horizon, la division fit route au large, passa très au Sud pour doubler Ceylan : la mousson régnante rendait impossible la route par les Maldives.

On a reproché à Linois, de n'avoir pas coulé l'aviso; en second lieu, d'avoir abandonné *la Belle-Poule*, ne tentant pas tout au moins de faire avertir Bruillac par *le Bélier* [2].

Le premier grief nous paraît sans fondement. Pouvait-il prendre sur lui d'accomplir un acte d'hostilité qui pourrait avoir les plus graves conséquences, alors que l'exécution de ses ordres ne le nécessitait pas? N'était-ce pas fournir aux Anglais l'occasion qu'ils paraissaient chercher?

Si le second reproche est, en apparence, plus plausible, il ne nous semble pas non plus qu'il soit fondé. Linois croyait à une poursuite immédiate; l'escadre anglaise, connaissant sa direction, devait en conclure qu'il cherchait à rallier *la Belle-Poule;* dès lors, s'il eût persévéré dans sa route au Nord, son avance n'eût pas été telle que Rainier ne pût le rejoindre et l'attaquer; c'était donc, pour lui, une obligation de se dérober. *Le Bélier* eût couru les mêmes risques; même réuni à *la Belle-Poule*, leur faiblesse eût été une tentation pour les forces britanniques.

En réalité, l'amiral Rainier n'avait point aperçu les signaux de sa mouche d'escadre. Ce ne fut que le lendemain, vers neuf heures, que, le lieutenant-colonel Cullen ayant fait mettre le drapeau de la place en berne et tirer un coup de canon, il fit appareiller un vaisseau et cinq frégates : une de ces dernières vint en rade prendre langue avec le commissaire anglais, puis fit route dans le N. N. E.; deux autres bâtiments cinglèrent droit au sud. C'étaient les deux directions probables de nos vaisseaux; la résolution de Linois de se dérober dans l'est avait donc un plein succès. Le soir, les navires éclaireurs rentrèrent sans lui fournir aucun indice [3]. Là s'arrêtèrent ses efforts pour retrouver la force française. Le mauvais état de ses

1. *Ibid.*, I, p. 1266.
2. Bonnefoux, *Mémoires*, p. 102.
3. Rainier à Sir Evan Nepean, 24 juillet 1803, *Public Record office*, *Amiral's dispatches East Indies*, 14, cité par Prentout, *op. cit.*, p. 46, note 1.

vaisseaux ne paraît pas la vraie raison. Les autorités anglaises ne redoutaient qu'un débarquement sur un point quelconque, dans le but de s'unir aux princes indigènes ; la reconnaissance de ses navires avait rassuré Rainier pour les côtes voisines : il ne lui restait qu'à conserver ses forces sous sa main et, au cas où la division française serait signalée sur un autre côté (et par terre la nouvelle pouvait parvenir rapidement), il se porterait en force sur ce point.

La Belle-Poule était arrivée le 23 messidor (12 juillet) au fort Saint-Georges (Madras) ; elle y débarqua Lefèvre, aide de camp de Decaen, envoyé en mission près de lord Clive ; puis, le 24 messidor (13 juillet), elle reprit la route de Pondichéry [1]. Cette traversée à contre-mousson dura deux jours : indice peu rassurant, Bruillac vit une frégate suivre la sienne, tandis qu'une autre, tout en paraissant croiser au large, ne la perdait pas de vue.

En arrivant en rade, le commandant aperçut le même nombre de navires que celui de Linois, ayant tous arboré le pavillon français. *La Belle-Poule* mit son numéro. Aucun signal ne lui fut fait. Elle continua cependant sa route, croyant à une négligence.

Mais l'officier de manœuvre, examinant les bâtiments à la longue-vue, remarqua des changements dans le gréement qu'on pouvait attribuer à une installation plus soignée ; un d'eux pourtant le frappa assez pour qu'il en fît l'observation à Bruillac : « Voyons dit-il, car il y a ici bien de l'extraordinaire ». Puis, tout en continuant à observer : « Forcez de voiles, ajouta-t-il, gouvernez au large et nous verrons bien [2]. » La manœuvre s'exécuta, en même temps qu'on mettait le plus de toile au vent [3]. Aussitôt, les navires de rade filèrent leurs câbles et appareillèrent pour donner chasse à la frégate, tandis que les deux bâtiments, qui l'observaient depuis deux jours, cherchaient à lui couper la route. La marche supérieure de *la Belle-Poule* lui permit d'échapper à l'ennemi. On peut employer ce mot, car le piège tendu dénotait bien des intentions hostiles, et eût été indubitablement suivi par des actes. Sans le coup d'œil d'un officier, l'esprit de décision et l'habileté de son commandant, *la Belle-Poule* eût allongé la liste

1. Binot à Decrès, Granville, 8 fructidor (26 août 1804), B. N. n. acq. fr. *Mss.* 9374 ; PRENTOUT, *op. cit.*, p. 49, et les notes.
2. BONNEFOUX, *Mémoires*, p. 101.
3. BONNEFOUX, *Manœuvrier complet*, p. 307.

des navires enlevés par la marine britannique avant toute déclaration de guerre.

Moins heureux, les deux transports, *la Côte-d'Or* et *la Marie-Française*, furent arrêtés, puis relâchés sur l'ordre de Clive, mais l'imprudence du capitaine de *la Marie-Française* la fit retomber, définitivement, aux mains de l'ennemi [1].

La Belle-Poule fit route pour l'île de France, pensant que la division avait dû s'y réfugier. Cette traversée fut fort pénible ; elle était presque dépourvue d'eau et de vivres ; malgré une grande réduction dans les rations, elle en était aux derniers expédients en arrivant en vue de l'île [2], le 29 thermidor (17 août 1803). Sa navigation avait été marquée à son terme par une dernière alarme ; à l'horizon, elle avait aperçu des bâtiments qu'elle jugea vaisseaux de guerre et paraissant la chasser.

Son arrivée subite, les nouvelles qu'elle apportait de la côte du Coromandel, l'annonce de la présence des navires de guerre suspects produisirent une grande sensation dans la colonie. Magallon, gouverneur de l'île, prit ses mesures rapidement ; les batteries du port Nord-Ouest furent armées; les postes renforcés. Les navires signalés approchaient ; la plupart des colons les disaient français, division venant de France, ou Linois. Cette dernière supposition était la vraie. La division mouillait bientôt dans le port.

Avec ses navires encombrés, sans vivres frais, sa traversée avait été fort rude, le scorbut s'était déclaré parmi les équipages épuisés [3]. L'amiral rendit visite aux autorités : Decaen ne pensa pas devoir l'imiter, d'où nouvelle cause d'aigreur entre eux. Linois ne crut pas devoir accéder à la demande que lui présenta le général de ne laisser communiquer avec aucun autre bâtiment venant d'Europe, de l'Inde ou d'Amérique, jusqu'à ce qu'il fût renseigné sur la situation ; il l'informa qu'en cas d'annonce de la guerre la communication serait interdite avec la terre, jusqu'à ce qu'il fût prévenu.

Le 2 vendémiaire an XII (25 septembre 1803), la corvette *le Berceau*, commandant Halgan, apportait la nouvelle de la rupture de la paix d'Amiens.

1. PRENTOUT, *op. cit.*, 2me partie, chap. cinq.
2. BONNEFOUX, *Mémoires*, p. 101.
3. Decaen à Decrès, 20 fructidor an XI (7 septembre 1803). Linois au même, 25 fructidor an XI (12 septembre 1803). — A. C., 102.

II

L'île de France, qui allait être, pendant les années qui suivirent, le centre des opérations de Linois et de ses successeurs, nous semble mériter une courte description. Il ne s'agit pas de dépeindre, ici, ses sites enchanteurs, immortalisés par Bernardin de Saint-Pierre, ni de refaire les descriptions des voyageurs qui l'ont visitée, mais d'examiner ce qu'elle était, comme point d'appui et base de ravitaillement d'une force navale.

Ses côtes, entourées de récifs et d'un abord dangereux, offraient aux navires deux ports : au nord-ouest, le « Port-Nord-Ouest » [1]; sur la côte sud-est, le « Grand Port » [2]. Ce dernier eût pu contenir un grand nombre de navires, mais, l'entrée en était difficile : il fallait avoir vent arrière. On en sortait donc encore moins aisément; car la direction de la brise varie peu sous les tropiques. On n'y rencontrait pas même les rudiments d'un établissement maritime; des batteries avaient été seules construites sur l'îlot de la passe, qu'il fallait raser, pour venir au mouillage. Ses ressources, pour une escadre, étaient nulles.

Le « Port-Nord-Ouest », chef-lieu des possessions françaises dans l'Océan Indien, présentait plus d'intérêt. Sa passe, ouverte au nord-ouest, se resserrait, entre la pointe du Fort-Blanc et l'île aux Tonneliers, entourées, l'une et l'autre, d'une ceinture de sable et de coraux qui rendait le chenal tortueux, très étroit, bordé de dangers. L'île aux Tonneliers, reliée à la terre par une chaussée étroite, croisait ses feux avec ceux du Fort-Blanc. La passe une fois franchie, les navires se trouvaient dans un bassin d'une capacité médiocre et irrégulier dans ses contours, sur lequel s'ouvraient, à droite et à gauche, deux anses, le Trou-Fanfaron et Caudan, entre lesquelles, vis-à-vis le chenal, émergeait l'îlot de la Poudrière, joint à la grande terre par une digue. La partie de la rade à l'abri de l'île aux Tonneliers constituait, avec le Trou-Fanfaron, ce qu'on eût pu appeler, avec beaucoup de bonne volonté, le port militaire et l'arsenal. Caudan était le mouillage des bâtiments de commerce [3].

1. Port-Louis, sous la Monarchie; Port-Napoléon, sous l'Empire; le chef-lieu de l'île a repris son nom primitif, sous la domination anglaise.
2. Port-Impérial, sous l'Empire; actuellement Mahébourg.
3. Rapport de Decaen à Decrès : 29 prairial an XII (18 juin 1804). — A. C., 102; TOMBE, *Voyage aux Indes orientales*, t. I, p. 68-74.

« Ces ports, écrivait un étranger, sont excellents; le plus grand est capable de contenir quatre cents voiles; le plus petit, cependant, est très préférable pour les affaires, les navires étant mouillés, près du rivage, dans un bassin, en sûreté contre tous les accidents [1]. »

Sous la monarchie, l'île de France fut généralement considérée comme un point stratégique d'une grande importance, le centre de nos opérations contre la puissance anglaise. Sous la République, comme sous l'Empire, tous ceux qui eurent à donner leur appréciation sur la valeur politique de l'île de France et de la Réunion soutinrent la même opinion. « Je dois parler des îles de France et de la Réunion, écrivait Magon [2] au Premier Consul, de ces îles précieuses qu'il importe tant à la république de conserver : elles sont le boulevard de l'Inde... [3] » Magallon-La Morlière s'exprimait en des termes presque identiques sur leur valeur [4] et Decaen n'allait pas cesser de signaler leur situation prépondérante, non seulement pour une attaque de l'Inde, mais aussi pour la guerre maritime. A ce dernier point de vue, nous résumerons un mémoire présenté à Napoléon par Lefèvre, aide de camp du capitaine général. Nul point n'est plus avantageux, observait-il : du Port-Nord-Ouest au Cap, il faut quinze jours, pendant la belle saison; en six semaines, un navire peut gagner la rivière de La Plata, et, s'il sait choisir l'époque, une traversée d'égale durée lui permet d'atterrir aux rivages de la Chine ou aux Philippines. Pour se rendre à Batavia ou dans l'Inde, quatre semaines suffisent. Pour établir une croisière à l'entrée de la mer Rouge ou dans le golfe Persique, la navigation est moindre. Seule, la Nouvelle-Hollande (Australie), où l'Angleterre crée des établissements, exigerait une traversée de deux mois, environ [5].

Un marin actif et entreprenant pouvait donc assaillir l'ennemi

1. *Annual Asiatic Register for the year 1806*, p. 47 : *Extrait d'une lettre de l'île de France du 4 juin 1803.*

2. Magon, né à Paris en 1763, avait servi dans l'Inde; il était contre-amiral quand il fut tué à Trafalgar (21 octobre 1805).

3. *Mémoire pour les îles de France et de la Réunion.* — A.N., AFiv, 1214.

4. *Aperçu sur la situation militaire, politique et commerciale des îles de France et de la Réunion. Id.*

5. Rapport de Lefèvre à l'Empereur : 28 vendémiaire an XIII (20 octobre 1804). — A. N., AFiv, 1211.

en divers points, trop distants pour que les forces chargées de leur défense pussent se prêter un mutuel appui. Ses apparitions soudaines, combinées d'après les vents périodiques, paralyseraient le commerce sur une vaste étendue de mer. La situation de la colonie portait donc au plus haut degré les avantages de l'offensive. Linois eût pu être ce chef. Disons, dès maintenant, que, s'il ne fit pas à l'Angleterre tout le mal qu'elle eût pu redouter, la faute ne peut lui en être imputée tout entière : la plus grande part en revient à d'autres qu'à lui. Nous dirons, plus loin, les erreurs, causes directes des événements; examinons, pour l'instant, les causes, plus lointaines qui, bien que provenant des hommes, ne peuvent être imputées à aucun, tant elles étaient le résultat de circonstances économiques et politiques.

Les cultures industrielles avaient tout envahi; les autres productions étaient abandonnées. Il fallait importer les grains nécessaires à l'alimentation : la Réunion était le grenier de l'île sœur et, si sa récolte était mauvaise, la colonie devait faire appel aux ressources étrangères. Mascate avait, par exemple, fourni des blés pendant les guerres précédentes. Le Cap eût pu être un secours, mais on ne pouvait faire fond sur la colonie hollandaise qui fournissait à peine à sa consommation, par suite d'un faux système économique. On comprend combien, en temps de guerre, la situation devenait difficile quand les bateaux devaient aller charger des grains à la Réunion dont les rades foraines n'étaient un mouillage sûr, ni contre la tempête, ni contre les croiseurs ennemis. Les ressources étrangères n'étaient pas alors moins aléatoires.

La viande faisait défaut; les troupeaux étaient appauvris et les colons tiraient le bétail de Madagascar [1], avec les mêmes difficultés que pour les grains, quand les croiseurs ennemis croisaient dans les eaux des îles. Les autres fournitures, nécessaires aux équipages, conserves, vin, etc., devaient être expédiées de France. Or, au moment où la guerre éclatait, aucun envoi n'avait été effectué. L'Ordonnateur Chauvalon constatait avec angoisse à l'arrivée de la division, que les ressources de la colonie suffiraient, à peine trois

1. *Id.*, Rapport de Decaen à Decrès, 29 prairial an XII (18 juin 1804) précité. Sur le Cap, v. outre le rapport de Lefèvre, Janssens à Decaen, 12 janvier 1804. — A. C., 103.

semaines, à l'entretien des troupes. Son crédit était épuisé et il allait falloir recourir au commerce et aux neutres pour l'entretien de la marine et de la garnison.

Tout ce qui était nécessaire à l'armement et à l'entretien des navires faisait également défaut. « Le port, écrivait Decaen, est dans le plus mauvais état : pendant douze ans, on ne s'est point occupé de ses réparations et encore moins du curage. » Au Trou-Fanfaron, il y avait bien un chantier de l'État, mais les magasins étaient vides et, d'ailleurs, les bras eussent manqué, car les « nègres du gouvernement » étaient vieux et hors d'état de travailler [1].

Linois avait, dès son arrivée, fait connaître la situation que je viens de retracer, ainsi que ses premières dispositions. « J'attends, bien impatiemment, des nouvelles qui puissent m'apprendre le résultat des différends survenus entre les gouvernements français et britannique : en attendant, rien n'est négligé pour mettre la division en état de reprendre la mer. La pénurie du port ne m'en eût pas fourni les moyens; mais, un particulier de l'île de France, le citoyen Piston, constructeur de commerce, par le plus généreux dévouement, a offert des charpentiers, calfats, mâtures et tout ce qui se trouvait dans ses ateliers [2]... ». « Il est urgent, écrivait-il, encore, de nous faire passer des câbles et des munitions navales de toutes espèces, à l'exception d'ancres, de poudre et de boulets. » [3] Il réclamait, également, l'envoi de salaisons, farine, vin, etc., et indiquait qu'il n'avait plus que deux mois de solde en caisse, sans qu'il eût à compter sur les ressources de la colonie.

Si les ressources matérielles manquaient, l'amiral ne pouvait pas davantage espérer trouver, dans la colonie, les hommes nécessaires au remplacement des marins que la guerre et le climat moissonneraient. Le cabotage avait disparu, tué par la guerre et la concurrence qu'elle avait permis aux neutres de lui faire. D'autre part, si l'île de France comptait environ quatre mille cinq cents blancs et à peu près autant de métis, les deux tiers, vivant dispersés sur

1. « Rapport de Chauvalon sur la situation » 30 thermidor an XI (18 août 1803). — A.C., 101 ; Rapport de Decaen, précité ; *id.*, Lefèvre, précité.

2. Linois à Decrès : 15 fructidor an XI (2 septembre 1803). — A.M., BB4 185.

3. Du même au même : 25 fructidor an XI (12 septembre 1803). — A.C., 102.

les plantations, n'offraient aucun élément à la marine; seul, celui habitant le chef-lieu aurait pu renfermer des ressources en hommes. Cette population, fort mélangée, déployait un luxe très grand, entretenu par la spéculation et le jeu. En temps de guerre, des spéculateurs heureux faisaient une fortune rapide par l'accaparement des produits étrangers; mais malheur à eux si un neutre ou une prise venaient les concurrencer sur le marché. Leur chute était aussi rapide que leur montée avait été subite. Seuls, les gens sans ressources et les esprits aventureux cherchaient fortune dans la guerre; mais c'était alors la carrière de corsaire qu'ils choisissaient, source de gains, et non le service de l'État [1]. La population libre de la Réunion s'élevait à neuf mille âmes : ses jeunes créoles, très courageux, très sobres, s'adonnaient avec passion à la chasse et jouissaient de la réputation méritée de tireurs incomparables [2]. A eux aussi, le service à la mer et la discipline paraissaient répugner. En tous cas, il eût fallu les y former; c'était une ressource lointaine et précaire. On ne pouvait, en somme, pour remplacer ou compléter les équipages, faire état que des matelots qu'on lèverait à bord des bâtiments de commerce, et, avec la guerre, ce recrutement se tarirait, ou des « lascars », marins indous, servant indistinctement sous tous les pavillons. Leur nom, employé dans la langue populaire avec le sens que l'on connaît, dit suffisamment ce qu'ils valaient.

On conçoit quelles pensées assaillirent Linois quand, le 2 vendémiaire (26 septembre), il apprit, à l'arrivée du *Berceau*, que la rupture entre la France et l'Angleterre était définitivement accomplie.

III

C'est l'endroit, nous semble-t-il, de reproduire des instructions données à Linois ce qui a trait au rôle qu'il aurait à jouer en cas de guerre, le reste se rapportant à la mission qu'il eût dû remplir sur les côtes de l'Inde, si la paix avait duré. On pourra, ainsi,

1. Decaen à Decrès. « Il est important de n'autoriser à passer à l'île de France que des hommes qui ne soient pas tarés... il y a déjà ici, trop de gens inutiles et qui ne vivent que d'industrie. » 7 pluviôse an XII (28 janvier 1804). — A. C., 103. — TOMBE, *op. cit.*, t. I, p. 87; — BRUNET, *Voyage à l'île de France, dans l'Inde et en Angleterre*, p. 27 et suiv.

2. TOMBE, *op. cit.*, t. II, p. 164-169.

apprécier la conduite de l'amiral et juger s'il répondit à ce qu'on attendait de lui. Les extraits qui vont suivre permettront également de connaître certaines vues de Bonaparte.

« Bonaparte, Premier Consul de la République française et Président de la République italienne :

« Au Contre-amiral Linois, commandant les forces navales de la République [1].

« Le Ministre de la Marine a remis au Contre-amiral, commandant les forces navales françaises dans l'Inde, des instructions détaillées sur les services qu'il doit remplir [2]; mais le Premier Consul a cru devoir donner, lui-même, les instructions relatives aux opérations militaires et politiques et les revêtir de sa signature.

« L'intention du Premier Consul est d'entretenir en temps de paix un certain nombre de bâtiments de la République dans les mers au delà du Cap de Bonne-Espérance.

« Cette station a pour objet de faire reparaître le pavillon français dans l'Inde et de protéger le commerce national.

« Dans le cas où la guerre viendrait à se déclarer, elle forme le noyau des forces qui seraient envoyées pour combattre l'ennemi dans ces contrées, soit à la mer, soit sur le continent... »

Les instructions traçaient alors à Linois sa conduite, tant que la paix ne serait pas troublée : nous les résumerons, en quelques mots, et ce résumé permettra de mieux saisir sa mission, en temps de guerre. Il devait reconnaître les ports et les rades des deux côtes de l'Inde, à quelque nation qu'ils appartinssent, indiquer, au cas où nous ne serions pas maîtres de la mer, s'il existait une rade où une escadre, coopérant avec les forces de terre, pût résister un certain temps.

« Il enverra des bâtiments de guerre commandés par des officiers sûrs, prudents et expérimentés, dans toutes les mers de l'Inde

1. A. M., BB4, 159 *bis*; en marge et au crayon, nous lisons cette note : « 13 nivôse an XI (3 janvier 1803). Voir, pour cette date, le bordereau dressé par le bureau du mouvement et joint à la note du cabinet du 8 novembre 1854. »

2. Les instructions ministérielles ne furent signées et expédiées que le 12 pluviôse (1er février), c'est-à-dire postérieurement à celles du Premier Consul, contrairement à ce que cette phrase pourrait faire penser. Elle s'explique peut-être ainsi : Decrès avait fait connaître ses instructions à Linois; le Cabinet du Ministre les rédigea et expédia plus tard.

et particulièrement dans les détroits, avec ordre d'examiner les ports ou rades capables de contenir des bâtiments de guerre et susceptibles de défense. Le motif ostensible de ces expéditions sera d'augmenter l'instruction des officiers et le domaine de l'hydrographie, et les commandants des bâtiments devront apporter assez de mesure dans leur conduite pour ne donner lieu à aucun soupçon sur le but réel que le gouvernement se propose. Ces officiers devront, en outre, marquer aux chefs et habitants des contrées qu'ils parcourent tous les égards auxquels ils auront droit de prétendre et leur donner, par leur manière d'être ou leurs procédés, une juste idée du caractère de la nation française. »

Un alinéa était consacré à déterminer les rapports de l'amiral et du capitaine général.

Linois avait les forces navales directement sous ses ordres et ne devait recevoir d'ordres que du ministre ; mais il devait faire concorder ses opérations avec celles de Decaen et, dans les circonstances importantes, politiques ou militaires, se concerter avec lui : disposition fâcheuse qui présupposait un accord parfait de vues ou une grande abnégation en cas de différends et qui, avec des caractères irréductibles et autoritaires, ayant conscience de leur valeur, ne pouvait aboutir qu'à une rivalité orageuse et préjudiciable au bien du service. Linois s'en était inquiété dès Brest et ses premiers rapports avec Decaen eussent dû faire modifier cette disposition.

Les instructions se terminaient par l'indication de ce que le commandant des forces navales aurait à faire si la guerre venait à éclater avant qu'il pût recevoir des ordres. Il devait se concerter avec le capitaine général « sur les opérations qu'il paraîtrait le plus avantageux d'entreprendre ».

Nous signalons, par avance, le passage qui va suivre. S'il ne justifie pas entièrement Linois des reproches qui lui furent, plus tard, adressés par plusieurs et par l'Empereur qui eût pu se souvenir de ses ordres, il l'excuse largement :

« Si la guerre se déclarait, ... le commandant éviterait, autant que possible, d'exposer à des chances défavorables les bâtiments qui lui sont confiés, non seulement pour prévenir la réduction de ses moyens, mais encore pour ne point ajouter à l'idée qu'on peut avoir dans l'Inde de la supériorité de l'Angleterre sur la la France. »

Enfin, et pour finir, une phrase à effet :

« Si la guerre se déclare, le Premier Consul lui donnera les moyens d'entreprendre davantage, de rendre au nom français l'éclat qu'il avait autrefois dans ces contrées et de lier sa gloire personnelle à la gloire de la République. »

Ces instructions, au point de vue militaire et politique, sont assez détaillées pour que nous ne croyions pas devoir transcrire de longs fragments de celles que Decrès adressa à l'amiral. Les dernières, du 19 pluviôse (8 février) [1], n'ont d'ailleurs trait qu'aux détails de l'expédition et à la navigation de la division ; les premières, du 12 pluviôse (1er février) [2], après avoir indiqué que des mesures étaient prises pour que quatre mois de vivres fussent envoyés dans l'Inde et deux à l'île de France, ce qui assurerait un an de vivres à la division en tenant compte de ceux à bord, entraient dans des détails d'administration, puis elles indiquaient à Linois l'emploi de ses navires selon les moussons, etc. Tout ceci serait sans intérêt. Il nous suffira de reproduire les passages ayant trait à la conduite à tenir en cas de guerre, et, parmi ceux-ci, ceux seulement qui contiennent des prescriptions ne se rencontrant pas dans la dépêche adressée par ordre du Premier Consul.

« Si, par des événements qu'on ne peut prévoir, la guerre se déclarait entre la France et quelqu'une des puissances maritimes, le premier soin du contre-amiral Linois sera de combiner avec ces capitaines généraux [3] les secours qu'il peut donner aux établissements qu'ils commandent et si, par la nature des choses, la présence de forces navales ne leur était pas nécessaire (ce qui devra toujours, autant que possible, être prévu à l'avance), il dirigera ses opérations de manière à détruire le commerce de l'ennemi et, pour cela, il s'abstiendra, autant que les circonstances le permettront, de relâcher à l'île de France où les difficultés d'approvisionnement, au temps de guerre, et la facilité de désertion des équipages contrarient l'activité d'un système militaire.

« Si, cependant, un grand nombre de bâtiments de commerce se trouvaient dans l'Inde ou à l'île de France, ils devraient être

1. A.M., BB4, 159 *bis*.

2. *Ibid.* « *Mémoires du Ministre pour servir d'instruction au commandant des forces navales de la République dans les mers à l'est du Cap de Bonne Espérance* ».

3. Les capitaines généraux de l'Ile de France et de l'Inde.

réunis, dans cette île, pour partir en convoi sous l'escorte de quelques bâtiments de guerre.

« Au reste, les dispositions à prendre, dans la supposition de la guerre, dépendront des circonstances qui auront lieu et sur lesquelles le Premier Consul s'en rapporte à la sagacité du commandant des forces navales, s'il n'a reçu des ordres positifs pour diriger sa conduite. »

En marge, se lit une note ainsi conçue :

« Le Premier Consul vient de me faire connaître les dispositions suivantes : aussitôt que *le Marengo* aura débarqué ses troupes et effets et qu'il cessera d'être utile à la mission qu'il entreprend, le contre-amiral Linois devra le renvoyer en France, sans autre délai que celui nécessaire pour recevoir les paquets du capitaine général, du préfet colonial et les siens, son séjour sur la côte entraînant des consommations qu'il est bon d'éviter. »

On perçoit aisément les vues provisoires du gouvernement. Au moment où furent rédigées ces instructions, Bonaparte, par la tension des rapports franco-anglais, prévoyait la guerre, mais, dans ses calculs, elle devait éclater plus tard ; les événements, en se précipitant, anticipèrent sur ses prévisions. C'était une mission l'observation qu'il confiait à Linois. L'attaque contre l'Angleterre aurait-elle lieu par une action directe ? reprendrait-il les anciens plans d'opérations, avec une campagne dans l'Inde ? le Premier Consul n'avait peut-être pas encore arrêté son plan définitif ; mais, en tout cas, son génie réaliste entendait être exactement renseigné avant de prendre une décision formelle.

La guerre immédiate ne modifiait en rien le rôle attribué à la division de l'Inde. Le silence gardé vis-à-vis de Linois montre que rien n'avait été changé à ce qui avait été primitivement arrêté ; à lui, il appartenait seulement de modifier les procédés d'exécution.

Débarrassé du *Marengo*, commandant une division bien homogène de frégates douées de bonnes qualités nautiques, l'amiral remplirait le même emploi que le chef d'un parti de cavalerie lancé en territoire ennemi, en avant du front du gros de l'armée, pour renseigner son général, tout en ravageant le pays et en harcelant l'adversaire. Si les indications fournies agréent, le gros de forces le joint pour le choc ; sinon, un autre objet est donné à son activité.

Linois était-il l'homme qui convenait pour cette mission ? Il connaissait parfaitement les mers sur lesquelles il allait opérer, y ayant navigué au début de sa carrière ; il possédait bien son métier et joignait à sa science technique un caractère bien trempé ; mais, s'il était brave, énergique, opiniâtre, il manquait peut-être à son intelligence méthodique, l'imagination qui fait tout entreprendre, en poussant à tout oser. Sa carrière si remplie l'avait édifié sur les résultats lamentables des préparatifs décousus et des expéditions improvisées. Chef d'état-major de l'armée navale de Bruix [1], il avait pu toucher du doigt les vices d'organisation de la marine et, à l'annonce de la guerre, il constatait qu'aucun remède n'avait été apporté aux erreurs contre lesquelles les marins s'élevaient depuis longtemps. Sa division était sur le pied de paix ; son armement si défectueux qu'au bout de cinq mois de navigation il lui avait fallu changer les mâtures de *l'Atalante* et de *la Belle-Poule* et, pour cela, recourir aux bons offices d'un particulier [2] ; enfin ses munitions navales avaient été en partie laissées à Brest ou embarquées sur *la Marie-Française* dont le sort n'était pas douteux [3]. Ce bâtiment, moins heureux que *la Côte-d'Or* qui, arrêtée, avait été relâchée et parvint à l'île de France, fut, en effet, visité par *le Fox*, puis remis en liberté ; son capitaine crut alors pouvoir faire des vivres et de l'eau à Négapatam : il y fut capturé dans la nuit du 5 au 6 vendémiaire (27 au 28 septembre) [4]. Ainsi, apparaissaient les lacunes des instructions données au commandant Hulot, du *Bélier*, qui avait croisé ces navires, au Cap, sans pouvoir changer leur destination.

Decrès, connaissant le manque de ressources de l'île de France, n'avait rien expédié, si bien qu'au lieu d'un an de vivres promis, Linois se trouvait démuni de tout, la prolongation de sa traversée ayant épuisé ceux qu'il avait à bord.

Où trouverait-il des hommes, des vivres et des mâtures au retour de ses croisières ?

Ce n'était pas les seules difficultés qu'il eût à redouter ; ses rap-

1. Du 16 octobre 1799 au 27 octobre 1800.
2. Chanvalon à Decrès, 23 fructidor an XI (10 septembre 1803). — A.C., 102.
3. Decaen à Decrès : 11 et 20 fructidor an XI (29 août et 7 septembre 1803). *Ibid.*
4. Le Bouch, commandant *la Marie-Française* à Binot, adjudant-général resté à Pondichéry, vendémiaire an XII (30 septembre 1804). — A.M., BB^4, 185.

ports avec le capitaine général lui en faisaient prévoir d'autres : déjà il avait dû, par esprit de conciliation, s'incliner devant la volonté de celui-ci. Qu'en serait-il à l'avenir ?

En effet, Decaen, à la veille de la guerre, avait affaibli sa division : voici dans quelle circonstance. A l'extrémité de l'Arabie, se trouve l'Imânat de Mascate avec lequel nous avions entretenu, de loin en loin, de bons rapports. Le Sultan venait d'envoyer à Magallon, dans les derniers mois de 1802, une ambassade pour solliciter notre alliance. Par une heureuse coïncidence, le gouvernement français avait désigné le citoyen Cavaignac pour remplir le poste de résident auprès de lui. Il s'était embarqué sur *la Côte-d'Or* et venait, après la mise en liberté de ce bâtiment, d'arriver à l'île de France. Decaen, et on ne peut l'en blâmer, avait hâte de voir Cavaignac à son poste ; il y était déterminé, ainsi qu'il l'écrivait [1], « par les anciens rapports avec l'Iman, par la belle situation de Mascate et de son port, par les intentions du gouvernement d'y avoir un agent ; enfin, par les nécessités que lui présentaient les circonstances », possibilité de correspondance par Constantinople, appui d'une puissance arabe guerrière, facilité de ravitaillement. Il eût pu se contenter de faire partir Cavaignac à bord d'un aviso, il voulut seconder sa mission en l'envoyant sur un navire de guerre important. Il pensait flatter le sultan arabe et lui en imposer tout à la fois. Il réclama donc une frégate pour Mascate. « Ce moyen, outre qu'il affaiblissait considérablement les forces de la division, n'était pas, d'ailleurs, sans danger et sans inconvénient et l'amiral crut devoir s'en expliquer; mais, malgré ses justes représentations fondées sur l'état des choses, sur les probabilités de la guerre et sur notre situation politique, le général Decaen persista [2]. » Linois, par esprit de conciliation et par interprétation de ses instructions, accorda *l'Atalante* pour transporter Cavaignac. C'était une erreur à la veille d'une guerre probable et pour un résultat problématique, mais il y eut injustice à le reprocher à l'amiral, comme on le verra, et non à Decaen.

Ce ne fut pas la seule concession qu'il dut faire : l'intervention

1. Decaen à Decrès : 30 fructidor an XI (16 septembre 1803). — A.C., 102.

2. « *Précis historique de la campagne de l'Inde à dater du 15 ventôse an XI au 1er prairial an XII par le capitaine de vaisseau Delarue* ». — A.M., BB4 185.

du capitaine général vint, dès la première heure, modifier le rôle qui lui avait été confié; mais bientôt, aigri par les procédés du général, il se redressa et maintint ses droits.

Decaen et Linois avaient, l'un et l'autre, un glorieux passé militaire : à Hohenlinden le soldat, le marin à Algésiras, avaient conquis une gloire méritée ; mais la conscience de leur valeur les rendait impropres à de mutuelles concessions. « La hauteur même du général Decaen avait une certaine ressemblance avec celle de Dupleix ; la modestie accompagnée de fermeté à maintenir ce qu'il croyait son droit strict du contre-amiral Linois n'était pas non plus exempte de rapport avec la conduite tenue par La Bourdonnais [1]. » Linois, plus froid, plus pondéré que son rival, n'entendait rien céder de ses prérogatives. Decaen, grande intelligence, administrateur remarquable, politique aux vues hardies, soldat de valeur, avait un caractère peu enclin à la concession. Très vif, violent même, rebelle à la contradiction, là où il était, il parlait en maître et voulait être obéi. Il joignait à une imagination ardente une grande ambition. Beaucoup croyaient que Bonaparte avait voulu éloigner, honorablement, un ancien ami de Moreau, et il y avait, croyons-nous, une part de vérité dans cette opinion [2]. Lui, au contraire, voyait dans le poste assigné une mission de confiance, prélude d'un grand rôle, et ce rôle, il montrait, en toute circonstance, l'ambition de l'agrandir, d'en augmenter l'importance. Il eut contre Linois une antipathie profonde : il raillait son caractère, s'en gaussait avec ses intimes, l'attaquait dans sa correspondance officielle, diminuant ainsi son autorité. Il employa pour arriver à ses fins, qui étaient de le subordonner à son autorité, des moyens douteux, perfides même [3], inconsidérés en tous cas, puisqu'ils atteignirent la réputation de notre marine. « Ce fut une chose bien regrettable pour le pays, a-t-on écrit avec raison, que de tels hommes dont les communs efforts auraient pu produire de si grands résultats, ne se soient pas mieux entendus [4]. »

Decaen, impuissant à rien entreprendre, médita de porter sur

1. Guérin, *Histoire maritime de France*, t. VI, p. 311.

2. Amiral Bouvet à Saint-Elme-le-Duc, 15 octobre 1843. — B.N., Mss. 2-3, *Correspondance à l'occasion de l'histoire de l'île de France*, t. II, p. 207.

3. *Nouvelle Revue rétrospective*, 2e série, 1903, Missions de Lefèvre, *passim*.

4. Guérin, *op. et loc. cit.*

mer un coup éclatant, dont le retentissement faciliterait les rêves de son ambition. Il détournait ainsi la marine du but qui lui était assigné : peu lui importait. C'est dans cette disposition qu'il arriva, le 4 vendémiaire an XII (27 septembre 1803), à la conférence réunie sur la demande de Linois. Le préfet colonial Léger y prit également part. Nous le retrouverons souvent en tiers dans les rapports orageux qui eurent lieu entre Decaen et Linois, cherchant à les concilier ; mais, subordonné à Decaen, il manquait de l'indépendance nécessaire pour que sa voix fût entendue.

Decaen avait, dans une réunion avec Léger, le 3 vendémiaire (26 septembre), fait connaître ses projets à celui-ci. Ils étaient facilement tombés d'accord sur la nécessité du départ de la division pour faire des prises qui procureraient des ressources pour la colonie et son escadre et qui causeraient, selon les ordres du Ministre « à l'irréconciliable ennemie de la France, tout le mal qui dépendrait d'eux, sans compromettre la sûreté des îles [1] ».

Decaen développa à Linois le plan qu'il avait conçu. D'après les renseignements qu'il s'était procurés depuis son arrivée à l'île de France, il lui paraissait possible de tenter un coup de main sur les vaisseaux de la Compagnie anglaise des Indes à leur retour de Chine, « réussite qui devait produire un bien grand résultat, puisque, dès le début de la guerre, nous porterions un coup aussi étonnant que funeste à nos ennemis [2] ». C'était, en effet, une belle proie que ce convoi de Chine qui partait de Canton pour Madras, avec les derniers souffles de la mousson du nord-est. Les superbes navires qui le composaient, d'un tonnage de 1.200 à 1.500 tonneaux, portaient, dans leurs flancs, de cent à deux cents millions : c'était ce magnifique butin que Decaen rêvait de faire enlever. Tous ces navires étaient armés, et même non escortés, comme il le croyait, ils pouvaient résister, c'est pourquoi il lui semblait nécessaire que *le Marengo* renforçât les deux frégates dont l'amiral pouvait encore disposer. On convint que Léger répondrait qu'il pouvait fournir, tout ce qui était nécessaire aux navires.

1. Decrès à Decaen. 3 prairial an XI (23 mai 1803). — A. C., 101.
2. Decaen, *op. cit.* — P. D., 10.

A la conférence du 4 vendémiaire, Léger prit le premier la parole : il exposa que la division coûtait cher et qu'elle avait peu de ressources, que, les bâtiments étant réparés, ils devaient pouvoir partir, et qu'on pourrait en profiter pour transporter des troupes à la Réunion.

Linois, « sentant, d'ailleurs, combien il était important de gagner l'ennemi de vitesse et lui porter les premiers corps, s'empressa de communiquer ses projets et son plan au capitaine général [1] ». Il annonça qu'il renverrait *le Marengo* en France, puis qu'avec ses autres navires il irait s'établir en croisière sur la côte du Malabar, seul point qu'il pût atteindre aisément en cette saison.

Decaen commença par combattre le renvoi du *Marengo* [2]. Il représenta les dangers qui attendraient ce vaisseau, à son atterrissage aux côtes de France : sans renseignements sur les forces et la situation de l'ennemi, il courait risque de succomber avant d'avoir pu gagner un port français. La discussion s'engagea sur ce point, et, finalement, Linois consentit à le garder. Ayant eu gain de cause, Decaen reprit la parole et défendit avec ardeur le projet qu'il avait conçu. « Si vous pouvez aller au delà des détroits (de l'archipel de la Sonde), le convoi ne sera pas escorté, attendu que les nouvelles de la guerre ne seront pas arrivées assez tôt et que, si c'est en deçà que vous ayez le bonheur de vous trouver sur sa route, vous ne rencontrerez que des forces inférieures aux vôtres, attendu que l'amiral Rainier, qui vous a vu sur la rade de Pondichéry, ne supposera pas qu'étant venu apporter des troupes à l'île de France, vous ayez pu repartir aussi promptement que vous l'avez fait pour inquiéter le commerce de sa nation et, surtout, vous mettre en mesure de tomber sur le convoi de Chine [3]. » Linois se rallia à ce plan, demandant, seulement, qu'on lui four-

1. Delarue, *loc. cit.* — A.M., BB^4 185.

2. Je citerai un passage des papiers de Decaen comme exemple de la façon dont il parle de Linois et de son entourage. « Le citoyen Delarue, qui le commandait et qui avait le plus grand désir de retourner à Brest d'où il ne serait pas sorti, s'il avait pu présumer que la guerre aurait lieu, n'était pas homme à tenter la moindre entreprise sur les bâtiments qu'il aurait en vue ; car, dans la crainte d'avoir à soutenir un combat, il aurait plutôt changé de route. » — P. D., vol. 10.

3. Decaen, *op.* et *loc. cit.* — Il aurait terminé en disant : « Vous serez comblé de richesses » ; il y ajoute « stimulé par la finale de ma conclusion ». Linois accepta.

nisse des marins. Il s'était montré plein de condescendance et avait accepté un projet qui n'était pas le sien, dont il aurait à porter la responsabilité et qui offrait des difficultés réelles au point de vue nautique. Il fallait gagner les détroits, naviguer à contre-mousson : la tâche serait rude pour les équipages et les navires. Si des avaries graves se produisaient, la division pouvait être compromise, surtout si elle rencontrait les forces ennemies dans les parages de sa croisière ; car, si Decaen posait, en principe, que le convoi ne serait pas escorté, la guerre n'étant pas encore connue, son calcul pouvait être erroné, et, en fait, elle le fut à la fin d'octobre à Canton [1]. Quant à ce qu'il disait de la conduite de Rainier, c'était une hypothèse de sa part, exacte d'ailleurs. Reconnaissons que son plan était séduisant, qu'il faillit réussir et que, complété comme nous le verrons, il eût pu produire de grands résultats, mais à condition que le concours escompté des Hollandais fût assuré. Le tort de Decaen fut d'avoir compté sur des forces, sans être certain de leur appui.

Le plan de Linois, plus modeste, imposait moins de fatigues aux hommes et au matériel. Il eût inquiété le commerce dans le golfe d'Oman et, par des apparitions sur divers points de la côte, il eût exercé une influence sur la situation politique de l'Inde où la guerre sévissait, tandis qu'à Candie les Anglais venaient d'essuyer un désastre complet. Les craintes qu'ils eurent « que la division française n'eût été débarquer des troupes à la côte du Malabar pour se joindre aux Marattes » [2] montre que les projets de Linois les eussent inquiétés, et même compromis. Il eût pu raffermir la confiance des populations, dans la puissance française. Il eût visité Mascate et les côtes avoisinantes : sa présence eût réparé l'échec que nous venions d'y subir. Il avait encore des chances de rencontrer *l'Atalante* [3] qui avait ordre de visiter la côte de Malabar [4]. Il eût groupé, sous son pavillon, trois belles frégates, bonnes mar-

1. Linois à Decrès : 25 frimaire an XII (16 décembre 1803). — A.M., BB[4]185.

2. Rapport de Hulot, commandant *le Bélier* : 14 pluviôse an XII (4 février 1804). — A.C., 103.

3. *L'Atalante* revint directement à l'île de France, Cavaignac ayant échoué dans sa mission. Le Sultan refusa de le recevoir, par crainte des Anglais. La présence de forces, plus nombreuses, eût pu raffermir notre influence.

4. Linois à Decrès, 30 fructidor an XI (16 septembre 1803), précité.

cheuses et dérangé singulièrement l'amiral Rainier, forcé de garder des côtes très étendues. Linois se fût conformé ainsi à ses instructions, continuant sa mission de renseignements, inquiétant l'ennemi sans risquer sa division.

Rainier, en effet, ne put détacher que quelques frégates à la côte du Malabar ; ce ne fut que plus tard qu'il put répartir ses forces, de manière à être à même de tenir tête à l'adversaire, sur l'une ou l'autre côte de l'Indoustan : *le Trident*, *le Tremendous*, *le Centurion*, *l'Arrogant* et *le Lancastre*, sur la côte Ouest, avec Bombay comme centre d'opération ; sur l'autre côte, à Madras, *l'Albion*, *le Sceptre*, *le Russel*, *le Grampus*. Ses frégates, sur les côtes du Malabar, du Concan, du Guzerate ou sur les brasses, au sud de Ceylan, l'eussent tenu au courant des apparitions de nos navires [1]. On voit que Linois n'eût rencontré que des forces minimes, au début tout au moins. Quant à Decaen, ses vues, sur ce point, étaient justes. Rainier restait sur la plus stricte défensive. Avec des forces très supérieures, dominé par la nécessité de protéger l'Inde et ne sachant pas nos desseins, il nous laissait, momentanément, la maîtrise de la mer.

Nous avons dit que Decaen avait complété son plan primitif par de nouvelles dispositions qu'il fit agréer à Linois : les voici.

Pendant la dernière guerre, la division de l'amiral Sercey avait trouvé des secours à Batavia et des troupes avaient été fournies par l'île de France à la colonie hollandaise pour assurer sa tranquillité. Le gouvernement le rappelait dans les instructions qu'il avait adressées au capitaine général, au moment de la déclaration de guerre. « Si le gouvernement de la République n'a pas oublié que nos colonies orientales ont tiré, dans la dernière guerre, des ressources des possessions bataves dans l'Inde, il espère que la Régence de Batavia se rappelera que la République française a concouru à maintenir ses établissements orientaux contre l'ambition anglaise [2]. » On lui prescrivait donc de faire connaître à la Haute Régence de Batavia [3] la situation des choses en Europe, nos intérêts et ceux du gouvernement batave étant communs. Decaen se

1. Rapports de Hulot et Lefèvre, précités.
2. Decrès à Decaen, 3 prairial an XI (23 mai 1804) ; précité.
3. C'était le nom que portait le gouvernement colonial.

résolut à tirer parti de ses instructions au mieux de nos intérêts, tout en aidant la colonie de Batavia. Ses lettres à Linois et à Decrès nous renseignent à ce sujet. A l'amiral, il écrivait : « Je vous rappellerai... que le Premier Consul a dû penser que le gouvernement batave avait envoyé dans ses colonies des forces convenables pour mettre ces importants établissements à l'abri des entreprises, que le Premier Consul n'avait pas encore connaissance que le bataillon français qui avait contribué à sa défense n'y était plus;... que les établissements bataves dans l'île de Java n'ont pas tous leurs moyens de défense; dans de telles circonstances, les Français peuvent encore donner au gouvernement batave des preuves de leur fidèle attachement... Aussi, n'ai-je pas balancé, après avoir pris en considération la situation de Batavia, ses ressources locales surtout pour avoir des secours en tout genre pour les bâtiments de votre division, de vous prier de commencer vos opérations par le transport à Batavia d'un corps de deux cents hommes avec un nombre d'officiers (40) qui, avec les troupes hollandaises, serviront à tranquilliser cette possession [1]. » Il ajoutait que ce détachement n'affaiblirait pas la défense des îles au cas peu probable où elles seraient attaquées, les Anglais étant trop occupés dans l'Inde. On eût pu lui répondre qu'alors Batavia ne courait aucun risque. A ces arguments donnés à Linois, il en ajoutait un autre qui paraît avoir été, avec ceux qu'il exposera à Decrès, le mobile principal de sa décision. « J'ai été informé, général, que le gouvernement batave avait à Batavia un vaisseau de 74, un de 64 et plusieurs frégates : ces moyens réunis aux vôtres, en agissant de concert avec vous, peuvent procurer des avantages; je vous engage de ne rien négliger auprès de monsieur le gouverneur Siberg et de la Haute Régence pour que cette machine puisse agir activement [2]. »

Si on veut avoir sa pensée complète, il faut lire ce qu'il écrivit plus tard à Decrès, en lui adressant la répartition des forces anglaises. « Il me reste à regretter que la jonction de ces deux divisions n'ait pu s'opérer et, par conséquent, qu'elle n'ait pu agir de concert contre l'ennemi commun, car, n'en serait-il pas

1. Decaen à Linois, 6 vendémiaire an XII (29 septembre 1804). — A. C., 102.

2. *Id.* — La division de l'amiral Dekker comptait, en réalité, trois vaisseaux : *le Kortenaar* (74), *le Pluto* et *le Bâto*.

résulté des avantages certains, puisque, si les forces des franco-hollandais se trouvaient, pour cette campagne, n'être d'un tiers moindres que celles des Anglais, elles pouvaient être considérées égales par la différence des équipages, par les détachements que l'amiral Rainier était obligé de faire, mais surtout par la défensive dans laquelle il devait se tenir, ayant à observer et à garder une immense étendue, soit à la côte du Malabar, soit à la côte du Coromandel [1]. »

C'était, on le voit, une modification complète du plan tracé à Linois : à une campagne d'observation, jointe à la destruction du commerce ennemi, il substituait les grandes opérations où notre marine eût pu remporter des succès, mais aussi essuyer des revers que son chef avait ordre d'éviter. Le plan était séduisant et il est à regretter qu'on n'y ait pas songé ; mais, conçu comme il l'était, sans entente entre les deux gouvernements [2], il ne pouvait être qu'un rêve. Decaen faisait état d'une flotte dont il ne connaissait ni la situation, ni les instructions ; il escomptait le concours de bonnes volontés sur lesquelles il n'avait aucune donnée. Or, la division hollandaise de Dekker n'était pas prête pour une campagne et la colonie sans ressources. Le Gouverneur et la Haute Régence l'expédièrent demander des secours à l'île de France ; mais, méfiants et ombrageux, ils cherchaient à obtenir des hommes et non une force organisée. Ils redoutaient l'intervention des Français dans leurs affaires, et, commerçants dans l'âme, ils étaient plus soucieux de la question économie que de grandes entreprises dont leur patrie pâtirait quel qu'en dût être l'issu. Il eût fallu ménager leurs susceptibilités et leurs intérêts ; c'est ce à quoi Decaen ne prit garde. Il voulut faire une bonne affaire à leurs dépens ; mais les placides Hollandais s'en aperçurent et tout fut compromis. En effet, il écrivait à Decrès qu'outre le motif de secourir Batavia, « il était aussi entré dans cette disposition, l'intention de diminuer la dépense et les charges de l'administration ainsi que de fournir un moyen d'existence à un nombre d'officiers qui étaient à la suite, et qui, joints à un plus grand nombre du 107e et 108e, étaient un poids

1. Decaen à Decrès 26 pluviôse an XII (16 février 1804), A. C., 103.

2. Les lettres du Grand Pensionnaire Schimmelpeninck et de l'amiral Verhuel montrent qu'on eût pu faire appel à la Hollande, en montrant de l'énergie. On s'y prit trop tard (Lettres de 1804-5). A. N., AF IV, 1682.

onéreux »[1]. Si, avant d'agir, il se fût renseigné, il eût connu les difficultés qui avaient surgi au sujet de nos troupes à Batavia, et il n'eût surtout pas fait choix, pour les commander, du chef de brigade Gosson qui avait eu des démêlés avec le brigadier-général hollandais Sandol-Roy et laissé de fâcheux souvenirs[2].

Linois, ayant reçu la lettre du 6 vendémiaire (29 septembre), tint à avoir une entrevue avec Decaen. Il lui présenta d'assez nombreuses objections ; son expérience lui faisait bien voir les aléas du plan qu'on lui imposait ; néanmoins, il finit par accéder à la proposition qui lui était faite. Le secret le plus absolu serait gardé et, pour dépister les soupçons, on laisserait croire que la Réunion était le lieu de destination des troupes. Le choix de Gosson et du 12e bataillon qui avait séjourné à Batavia déjoua cette précaution ; le lieu véritable de l'expédition fut connu bientôt dans la colonie[3]. Le succès de l'attaque du convoi demandait du secret, l'ennemi prévenu pouvant lui donner une escorte. Le changement proposé par Decaen avait donc l'inconvénient de révéler le plan primitif que Rainier pourrait ainsi connaître, soit par capture de navires français, soit par les rapports des neutres.

Les préparatifs furent poussés avec une grande activité : pour les équipages, on les renforça par des hommes des bâtiments de commerce, du *Bélier* et du *Diligent*, des soldats et des lascars ; pour les vivres, on compléta le nombre de rations réclamées par du riz, du lard salé, et, à défaut de vin, on embarqua de l'arrack, mauvaise eau-de-vie indigène. C'était une alimentation bien malsaine pour une campagne en pays chaud. Les cordages, toiles, etc., furent payés à des prix très élevés. Finalement, la division se trouva ainsi en état de reprendre la mer. Decaen et Léger s'étaient multipliés. Le premier accuse le contre-amiral de n'avoir pas aperçu les ressources, et, routinier, d'avoir réclamé de l'administration les mêmes services qu'en France[4]. C'est que le marin, mieux que le soldat, pouvait apprécier la valeur des ressources, et que si, par

1. Decaen à Decrès : 26 brumaire an XII (18 novembre 1803). A. C., 102.

2. Voir, aux pièces annexées à la dépêche de Decaen à Siberg, gouverneur général du 20 floréal an XII (10 mai 1804), la correspondance entre leurs prédécesseurs Magallon et Overstraaten. — A.C., t. 103.

3. TOMBE, *op. cit.*, t. I, p. 155 et suiv.

4. DECAEN, *op. cit.*, P.D., t. 10.

exemple, on avait complété vivres et équipages, il avait droit de penser que les lascars, les soldats embarqués et les fournitures de remplacement n'étaient pas ce qu'il eût fallu pour une telle campagne.

Le 16 vendémiaire, an XII (8 octobre 1803), la division aux ordres de Linois, composée du *Marengo*, de *la Belle-Poule*, de *la Sémillante* et du *Berceau*, était en appareillage et prenait la haute mer.

IV

Après une relâche à l'île Bourbon, le 18 vendémiaire (11 octobre), pour y débarquer les nouvelles autorités et des troupes, la division reprit le large, le 20 vendémiaire (1er octobre).

Si l'on veut juger sainement une campagne telle que celle que nous allons raconter, rendre justice aux chefs et aux hommes qui y prirent part, il faut avoir présent à la pensée ce qu'elle comportait pour les chefs de responsabilités et pour les hommes de labeurs ; pour tous, de fatigues, de périls et de dangers. C'était, à la fois, la guerre et le voyage d'exploration. Les instructions nautiques étaient incomplètes ; les cartes imparfaites et pleines de lacunes ; les instruments rares. La rencontre d'un écueil inconnu était autant à prévoir que celle de l'ennemi. Le sens marin et l'expérience pratique devaient suppléer à tout. Les commandants, en songeant aux avaries probables, à l'épuisement de leurs vivres, aux combats à livrer, savaient que, sur les rivages où ils seraient contraints alors d'aborder, les ports étaient rares, mal outillés, parfois même inhospitaliers.

Peu de jours après le départ, par mer calme, *la Belle-Poule* étant en tête, son attention fut attirée par des bandes de petits poissons, indice pour les gens du métier de quelque banc. On jette la sonde qui indique de hauts fonds ; ils apparaissent, tout à coup, distinctement ; la frégate ne peut que culer, n'osant venir d'un bord ou de l'autre. Elle tire le canon pour avertir ses conserves qui manœuvrent rapidement pour s'éloigner de ces dangereux parages. Les bâtiments s'étaient trouvés, inopinément, sur le banc de Saya de Malha « que les cartes plaçaient beaucoup plus sur la droite [1] ». « Quelques brasses de plus dans cette direction, rapporte Bonnefoux, nous touchions tous sur ce banc et il est vraisemblable que c'en était fait de nos navires [2] ». Le témoignage d'un officier passager confirme son dire : « si nous avions eu quelque gros temps pendant la durée de ce danger, ajoute-t-il, nous eussions pu tous nous perdre [3]. »

La navigation continua, lente, pénible, sous un climat brûlant. La division éprouva de longs calmes sous la ligne équinoxiale qu'elle fut, par la contrariété des brises, obligée de couper et recouper jusqu'à dix fois [4], calmes qui retardèrent sa navigation et qui furent interrompus par des périodes orageuses pendant lesquelles les nuits étaient si sombres que les vaisseaux devaient brûler des amorces, pour ne pas se séparer. Il fallait toujours gagner plus à l'est pour rencontrer une brise favorable qui permît de tourner le mousson. Un événement heureux dédommagea, enfin, les équipages des fatigues qu'ils avaient éprouvées.

Le 29 brumaire (21 novembre), *le Berceau* signalait un grand bâtiment, courant à l'est : tous les navires le chassent, croyant qu'ils avaient affaire à une frégate, tellement il était grand et haut mâté [5]. C'était un trois-mâts, *la Comtesse de Sutherland*, chargé de riz et de coton. Ce bâtiment, comme tous ceux de la Compagnie des Indes, par sa construction, rappelait les vaisseaux de 64 qui faisaient alors partie des marines de guerre ; sa batterie haute était faiblement armée pour lui permettre de résister aux corsaires. On s'explique l'erreur de nos marins ; elle eût dû leur être une leçon. Rejoint, il amena aux premiers coups de canon.

« Je vous l'envoie, écrivit Linois à Decaen, avec d'autant plus de plaisir que ce bâtiment tout neuf et solidement construit pourra devenir très utile pour les voyages de Madagascar... Je vous invite, mon cher général, à faire vendre, le plus tôt possible, le bâtiment et sa cargaison et à faire déposer à la caisse des Invalides [1] ce qui

1. BONNEFOUX, *Mémoires*, p. 112.
2. *Id.*
3. TOMBE, *op. cit.*, t. I, p. 162.
4. BONNEFOUX, *Mémoires*, p. 113.
5. TOMBE, *op. cit.*, t. I, p. 163.
1. La caisse des invalides de la marine.

doit revenir à la division : mon intention étant de faire faire des répartitions de suite, après mon arrivée... J'ai promis aux équipages que le produit des prises leur sera réparti, aussitôt notre arrivée : si cette promesse n'avait pas son exécution, je déclare, sur mon honneur, qu'aucune prise, faite par la division, n'entrerait plus à l'île de France [2]. »

Cette dernière phrase, une nouvelle lettre écrite à Léger, de Batavia, pour lui renouveler ses recommandations, en insistant peut-être un peu trop sur les sommes à verser à ses représentants [3], irritèrent profondément Decaen aux prises avec des difficultés financières. Il se plaignit donc à Decrès de ce que Linois, « avare et guidé par un intérêt sordide et déplacé, pour un officier de son rang » [4], les traitât, le préfet colonial et lui, comme des « commis » et refusât de venir en aide à la colonie. Linois, mis au courant, plus tard, se défendit et ses arguments sont assez péremptoires. Les équipages n'avaient rien touché depuis neuf mois ; les fonctionnaires de la colonie, eux, étaient au pair ; cependant, il eût moins insisté s'il n'avait connu les projets élaborés pour disposer de la part des capteurs [5]. C'était un des inconvénients de la course que de corrompre l'esprit militaire et de faire naître le goût du lucre ; mais, du moment où on la pratiquait, il était équitable que les équipages en profitassent, alors que, sans solde, ils en tiraient leurs ressources. Agir autrement n'eût pu que refroidir leur zèle et provoquer l'indiscipline : certains faits le montreront. Linois avait, semble-t-il, agi sagement. Il fit également valoir qu'il avait imposé un sacrifice à la marine en envoyant sa prise à l'île de France, parce qu'il « devait et désirait être utile à la colonie », et non à Batavia où elle eût été vendue le triple [6]. J'ai relaté cet incident, parce qu'il montre les procédés de Decaen pour diminuer l'amiral, dans l'esprit de ses supérieurs, alors qu'il n'avait encore aucune critique sérieuse à en faire. Son but apparaîtra quand leur antagonisme deviendra aigu.

2. Linois à Decaen, 29 brumaire, an XII (21 novembre 1803). A. M., BB4, 208.
3. Linois à Léger, 25 frimaire, an XII (17 décembre 1803). A. M., BB4 208.
4. Decaen à Decrès, 26 pluviôse, an XII (14 février 1804). A. C., 103.
5. Linois à Decrès, 20 floréal, an XII (10 mai 1804). A. M., BB4 208. — Linois à Decaen, 20 brumaire, an XII (21 novembre) précitée ; note marginale de Linois.
6. Linois à Léger, 25 frimaire, an XII (7 décembre 1803), précitée.

Linois avait appris des officiers de *la Comtesse de Sutherland* qu'un fort convoi, escorté de deux frégates, était parti du Bengale pour la Chine [1]. Les Anglais étaient-ils, déjà, sur leurs gardes ? Linois en eut la pensée, ce semble : « Je vous prie de m'envoyer *l'Atalante*, aussitôt que vous le pourrez, mandait-il à Decaen ; elle trouvera à Batavia mes instructions ; l'utilité dont me sera cette frégate me la fera impatiemment désirer... Je compte, avant de me rendre à Batavia, passer à Bencoolen [2], m'y emparer du bâtiment anglais que j'y pourrais rencontrer et détruire même l'établissement, si je puis l'entreprendre avec succès [3]. » Il avait formé ce dessein durant sa traversée, parce que sa route pour faire le détroit de la Sonde l'amenait à atterrir sur Sumatra, non loin de ce comptoir anglais qui, comme tous les établissements similaires, établis au milieu des populations belliqueuses et insoumises, était sous la protection d'un fort dominant la mer et le pays, le fort Malborough, où les blancs et la garnison se réfugiaient en cas d'attaque. A deux lieues, à l'est, s'ouvrait la baie de Sellabar ou Poolo-bay, sur les bords de laquelle s'élevaient de grands magasins : là, les navires venaient prendre leur fret, à cause de la sûreté du mouillage.

Retardé par les vents, Linois n'arriva en vue de Bencoolen que le 10 frimaire (2 décembre [4]). La division mouilla à la côte, ne pouvant pénétrer en rade où on distinguait quatre navires. L'ordre avait été donné de ne laisser sur les gaillards que les lascars et les malabares, de ne pas faire usage du sifflet pour la manœuvre, ni de la cloche, afin de se donner l'apparence d'un convoi de bateaux de commerce. Vain subterfuge ! du fort, on avait reconnu des navires de guerre. Aussi, le lendemain, la division approchant sous pavillon anglais, un canot accosta *le Marengo*, amenant un pilote indigène, envoyé par le capitaine de port de Bencoolen qui demandait

1. TOMBE, *op. cit.*, t. I, p. 163.

2. Bencoulen ou Benkoulen (c'est l'orthographe qui prévaut aujourd'hui) fut la capitale des possessions anglaises à Sumatra, jusqu'en 1824, où elles furent cédées à la Hollande.

3. Linois à Decaen, 12 frimaire, an XII (4 décembre 1803). A. C., 103.

4. Sur l'affaire de Bencoolen, consulter : le rapport de Linois, A. M., BB4 208 ; le *Précis historique de la campagne*, etc., par DELARUE et le rapport de Motard, commandant *la Sémillante*, AM., BB4 185 ; ARCHIVES MUNICIPALES D'HONFLEUR, *Journal de bord de la Sémillante* ; TOMBE, *op. cit.*, t. I, p. 171 et suiv.

le nom des bâtiments et à quelle escadre ils appartenaient. Linois l'employa pour mouiller la division, au coucher du soleil, devant Bencoolen, hors la portée du fort Malborough [1]. En ne voyant pas revenir le pilote, on ne douta plus à terre qu'on eût affaire à une force française, et les bateaux de commerce se réfugièrent à la baie de Sellabar.

A la nuit, l'amiral appela à son bord les commandants Halgan et Motard. Celui-ci reçut verbalement de son chef la mission de s'emparer, le plus rapidement possible, des navires mouillés à Sellabar, ainsi que des magasins sur cette baie. Il était probable que l'ennemi, trompé par l'habile mesure qu'avait prise Linois de mouiller tous ses navires en face du fort, au coucher du soleil, croirait à une attaque de Bencoolen, et n'enverrait pas de troupes protéger ses bateaux et ses entrepôts, ignorant le départ de *la Sémillante* et du *Berceau* perdus dans la nuit. Motard emmenait un interprète et le pilote avec recommandation de les surveiller étroitement ; Halgan avait mission de l'accompagner, mais avec liberté de renoncer si, faute d'avoir aussi un pilote, il craignait d'exposer son navire.

A onze heures, *la Sémillante* et *le Berceau* étaient sous voiles, retardés par le temps calme. Aperçus, en dépit de la nuit, par une batterie de côte, celle-ci les salua, sans effet, de quelques bombes ; en même temps, des feux s'allumaient, signalant leur approche. A quatre heures du matin (12 frimaire — 4 décembre), *la Sémillante* mouillait très près de la pointe de Poolo-bay. Guidé par le pilote qui lui avait été envoyé, *le Berceau*, après avoir doublé l'île aux Rats et les récifs, choisissait son mouillage de telle sorte qu'un grand trois-mâts se trouvait pris entre les feux de nos deux bâtiments.

« Au jour, dit Motard, je fus fort surpris de découvrir des bâtiments qui avaient leurs voiles déferlées et qui paraissaient être parmi les arbres. Un d'eux les orientait et laissait arriver. Je jugeais qu'il manœuvrait pour faire côte, en dedans de la petite baie de Poolo. » Cinq bâtiments anglais s'étaient réfugiés là, dans un barachois [2] formé par la langue de terre auprès de laquelle *la Sémillante*

1. Linois à Decaen, 12 frimaire, an XII (4 décembre 1803), précitée.

2. Barachois : bassin, entre des récifs, dans lequel les bâtiments peuvent entrer à flot. TOMBE, *op.* et *loc. cit.*, t. I, p. 183.

et *le Berceau* avaient laissé tomber l'ancre. « Craignant, continue Motard, qu'ils ne se brûlassent, je me déterminai de suite à faire armer les canots. »

L'enseigne Morice attaque avec des embarcations le trois-mâts, *l'Élisa-Anna*, qui dirige contre elles et la frégate un feu très vif de mousqueterie et de canon. L'abordage est donné, le navire enlevé, pas assez rapidement pour qu'il n'ait eu le temps de s'échouer. Ce coup de main, lestement exécuté, ne nous coûtait que deux hommes [1], seules pertes de la journée.

L'enseigne Roussin, avec un autre groupe de canots, avait reçu mission de doubler la pointe de Poolo-bay et de s'emparer des bateaux de commerce, tandis qu'une troupe de débarquement serait mise à terre, sous les ordres du lieutenant de vaisseau Arnaud, des capitaines Mourgues et Fouquet. *Le Berceau* prépara l'opération par quelques volées à mitraille contre les buissons du rivage, dans la crainte que les équipages des navires et les indigènes ne s'y fussent embusqués.

Aux premiers coups tirés, Roussin, voyant que les navires s'incendiaient, débarqua et traversa la pointe de terre, les hommes ayant l'eau à la ceinture ; il arriva trop tard pour empêcher l'incendie. Arnaud et sa troupe s'emparèrent des magasins sans résistance : les marins anglais s'étaient repliés et les indigènes avaient pris la fuite ; puis, constatant qu'il lui était impossible de rien enlever, il mit le feu. Conformément aux ordres de l'amiral, on avait respecté les propriétés des Malais. Rappelés par des officiers qui parlaient leur langue et leur assuraient que nous étions amis des Indiens et ne faisions la guerre qu'aux Anglais, ceux-ci revinrent et prêtèrent la main à la destruction. Les Anglais se vengèrent après le départ de la division : ils enlevèrent les principaux chefs et les retinrent en otages jusqu'au paiement des dégâts.

Motard, pendant ce temps, avait mis un fort détachement à bord de *l'Élisa-Anna* pour la renflouer, et servir sa batterie, au cas où la troupe débarquée, aux prises avec l'ennemi, eût eu besoin de protection pour se rembarquer.

Crainte vaine : les trois cents blancs et cipayes de la garnison

1. Le lieutenant Claude Fleuron, du 12e bataillon, et un artilleur.

avaient à tenir tête à d'autres adversaires; de nombreux pillards rôdaient autour de Bencoolen, « se tapissant, comme des tigres autour de la place, guettant l'instant du pillage et de l'incendie »[1]. Des mesures énergiques les maintinrent en respect. La garnison devait aussi se tenir sur ses gardes contre une attaque par mer, quoiqu'il parût improbable que l'amiral voulût risquer sa réputation et sa fortune à une attaque où il faudrait à ses canots se glisser au milieu des récifs, par une passe tortueuse, sous le feu de l'ennemi[2].

Linois, en effet, ne voulut pas attaquer. « Les habitants doivent craindre que nous allions incendier la ville, mais je ne l'entreprendrai pas, malgré la certitude du succès, ne voyant aucun avantage pour un gouvernement à ruiner des particuliers... J'ai appris, avec plaisir, que, conformément à mes ordres, les propriétés particulières avaient été respectées à Sellabar[3]. » Sentiment élevé, en contradiction avec la passion d'argent qu'on lui a prêtée et qui lui attirera un blâme de l'empereur. « L'amiral a détruit Bencoolen ; avec plus de décision, il pouvait y imposer une forte contribution au profit de ses équipages et de l'État[4]. » Decrès, en le transmettant, l'adoucissait en annonçant à Linois que l'empereur avait senti tout le mérite de l'affaire, mais que « tout ce qui vit sous la protection de l'Angleterre doit subir les chances de la guerre », et que ce n'eût pas été un médiocre avantage d'inspirer « à ces Indiens, le sentiment de l'insuffisance de cette insolente protection »[5]. Critiques injustes, semble-t-il: cinq navires brûlés, deux capturés, dix millions de marchandises incendiées étaient, déjà, une jolie contribution sur l'ennemi; quant aux peuplades à demi-sauvages, mieux valait les traiter en auxiliaires que leur apprendre la politique. Decaen fit la seule critique qui eût été juste si Linois n'avait eu la presque certitude que sa navigation dans des mers fréquentées et son séjour à Batavia seraient signalés : il exprimait la crainte que « l'éveil de l'apparition de la division française, dans ces parages, n'ait été, trop

1. Lettre du fort Malborough : *Annual asiatic register for the year 1804*, p. 104.
2. *Id.*
3. Linois à Decaen, 12 frimaire, an XII (4 décembre 1803), précitée.
4. Napoléon à Decrès, 5 vendémiaire, an XIII (27 septembre 1804); *Corresp. Nap.*, t. IX.
5. Decrès à Linois : 14 vendémiaire, an XIII (6 octobre 1804) ; A.M., BB² 98.

tôt, donné à l'amiral anglais et qu'il n'en résulte des obstacles pour l'opération ultérieure de Linois, soit qu'on vienne sur lui avec des forces supérieures, soit que le convoi attendu ne soit plus fortement escorté qu'on aurait pu penser à le faire si on n'avait pas été informé que nos forces navales paraissaient avoir le projet de l'intercepter [1]. Ce fut, il faut le reconnaître, un cotre parti de Bencoolen, dans les premiers jours de janvier 1804, qui apporta à Madras, le 6 février, la nouvelle de l'attaque de ce poste ainsi que du passage de la division dans le détroit de la Sonde où elle avait été rencontrée le 5 décembre. On n'y douta pas un instant que les navires français ne se rendissent à Batavia, pour faire jonction avec la flotte hollandaise, en vue d'une croisière ayant pour but le convoi de Chine [2].

Après avoir expédié sa prise, *le Menatchi*, pour le Port-Nord-Ouest, Linois se dirigea vers le détroit de la Sonde, arrêtant un petit bâtiment malais, qui allait du Natal à Bencoolen. Ayant visité ses papiers, l'amiral le laissa poursuivre sa route par considération pour son propriétaire, prince indien auquel il fit témoigner beaucoup d'amitiés ; il avait fait retirer, préalablement, tout ce qui y était chargé pour le compte d'Anglais [3]. Par ce neutre, on sut à Bencoolen la route suivie par Linois ; ce qu'il en advint, nous venons de le dire. Il était malaisé, dans des parages aussi fréquentés, de concilier le secret des opérations avec le respect des neutres ; nos ennemis eussent, peut-être alors, montré moins de scrupules.

Les 18 et 19 frimaire (10 et 11 décembre), le détroit de la Sonde fut traversé ; *la Sémillante* y exécuta une reconnaissance infructueuse à la baie de Bantam ; elle n'y vit aucun navire ennemi. Le 20 frimaire (12 décembre), la division française arrivait en rade de Batavia ; son apparition y provoqua un commencement de panique : on la crut anglaise. Devançant les autres bâtiments, *le Berceau* fit connaître leur nationalité [4].

Une fâcheuse nouvelle attendait Linois : « Je croyais trouver

1. Decaen à Decrès, 26 nivôse, an XII (17 janvier 1804) ; A.C., 103.
2. Madras. *Occurences for february 1804 : Annual asiatic register for the year 1804* 94.
3. Linois à Decrès, 25 frimaire, an XII (17 décembre 1803), AM, BB[4] 185. Tombe, *op. cit.*, t. I, p. 188.
4. TOMBE, *op. cit.*, t. I, p. 189.

l'amiral Dekker, et j'ai appris qu'il était parti depuis le 20 octobre, avec trois vaisseaux armés seulement de leur seconde batterie, pour demander des troupes à ... l'île de France, pour la défense de Batavia et, en même temps, se concerter avec nous sur les opérations maritimes à entreprendre [1]. » Il avait fondé « une partie de ses projets sur la réunion de ces forces et, véritablement, avec ce renfort, nos chances devaient se multiplier durant tout le cours de de la campagne [2] », cependant aucun découragement n'apparaît dans sa correspondance : « Incertain du moment où je pourrai me réunir à l'amiral Dekker, je fais toute diligence possible pour appareiller et tenter les chances de la mer. On croit qu'il y a dans ces mers orientales des détroits une division d'un vaisseau et de deux frégates ; je tâcherai de les découvrir et de les combattre... Comme les Anglais ont beaucoup de points à garder, leurs forces doivent être nécessairement divisées, ce qui me laisse l'espoir de pouvoir leur faire beaucoup de mal en me portant, successivement, à de grandes distances, dans les diverses parties des mers de l'Inde [3]. » Des neutres lui avaient appris que la guerre était connue en Chine et que deux vaisseaux de 74 avaient renforcé l'escadre de Rainier. Sa confiance ne s'en émouvait point.

Disons, ici, brièvement ce qu'était devenu Dekker. Il avait mouillé, le 26 brumaire (18 novembre), à l'île de France. Decaen comprit, alors, qu'il avait trop espéré de la colonie de Batavia. « L'arrivée de Dekker m'en a beaucoup fait rabattre [4]. » Celui-ci afficha, d'abord, un grand zèle : indépendant du gouvernement de la colonie, il était parti volontairement : certes, la Haute Régence ne l'aurait jamais fait sortir ; mais, à l'entendre, son opinion était « qu'il fallait plutôt chercher l'ennemi que l'attendre à Batavia ». « Voilà, de bien excellentes dispositions » [5], notait avec scepticisme Decaen. Le zèle de l'amiral hollandais se calma dès qu'il fut mis à l'épreuve. Les trois vaisseaux hollandais, armés en flûte, manquaient d'hommes, d'approvisionnements et d'argent. Comment les leur fournir, quand la division française et les corsaires avaient épuisé

1. Linois à Decrès, 25 frimaire, an XII (17 décembre 1803), précitée.
2. DELARUE, *Précis historique de la campagne*, etc., précité.
3. Linois à Decrès, 25 frimaire, an XII (17 décembre 1803), précitée.
4. Decaen à Decrès, 26 brumaire, an XII (18 novembre 1803), AC, 101.
5. *Id.*

les ressources ? Decaen proposa de compléter les équipages des deux meilleurs vaisseaux, *le Pluto* et *le Cortenaard*, à l'aide de celui du *Bâto* et de cent marins français ; ils pourraient partir vers le 15 frimaire (7 décembre) et rallieraient Linois, sous Pulo-Aor. Decaen conservait ainsi un vaisseau prêt à remplacer *le Marengo* à son retour de campagne. Son plan réalisé eût, probablement, assuré l'enlèvement du convoi de Chine [1]. Mais Dekker, lent et indécis, fit traîner tout en longueur jusqu'au jour où il put, pour ne pas agir, faire valoir que le temps était écoulé de retourner à Batavia, que seul un hasard heureux lui ferait rencontrer Linois, et que, manquant de tout, la colonie batave ne saurait ravitailler les deux escadres. Decaen s'inclina [2]. L'escadre hollandaise reprit la mer : aux dires de son chef, elle croiserait au large du Cap et reviendrait se concerter sur leurs opérations avec les officiers français. Elle ne revint jamais. Dekker alla au Cap, y désarma *le Bâto*, renvoya *le Pluto* et *le Cortenaard* à Java et rentra, sur un neutre, en Europe [3]. Ainsi s'évanouit le premier projet d'une coopération des marines française et batave ; une seconde tentative aurait, bientôt, le même sort et, chose plus grave, on ne pourrait s'en prendre cette fois à un chef, il faudrait y voir la volonté du gouvernement hollandais. De Sémonville, notre ambassadeur à La Haye, soupçonnait des négociations secrètes entre l'Angleterre et la Hollande. L'attitude de leurs marines, aux Indes, y ferait croire : elles évitèrent, avec soin, toute hostilité. Nous nous sommes arrêté à ce rôle de la marine batave, à cause de l'influence qu'il eut dans les mers de l'Inde sur nos entreprises et à cause de celle qu'il aurait pu y avoir.

Un autre incident, également désagréable pour Linois, marqua encore les sentiments des Hollandais à notre égard. Gosson, chef de brigade, qui commandait les secours envoyés à Java, s'était, en vertu de soi-disants pouvoirs, fait reconnaître comme général et, moyen sûr de calmer l'étonnement, il avait conféré un grade supérieur au leur à plusieurs officiers. Le conseil de la Haute Régence, après avoir pris connaissance des lettres de Decaen et de

1. Decaen à Linois, 10 frimaire, an XII (2 décembre 1803), AC, 101.

2. Decaen à Decrès, 12 nivôse, an XII (15 janvier 1804), AC, 103.

3. *Id.* 1er prairial, an XII (21 mai 1804) ; extraits d'une lettre de Janssens, gouverneur du Cap. *Ibid.*

ses instructions, manifesta d'abord sa surprise de voir arriver quarante officiers pour cent quarante-trois hommes et, au lieu de recrues à incorporer dans les troupes hollandaises, une force organisée. Linois, quoi qu'en ait pu écrire Decaen, n'ayant pas été mis au courant des instructions remises à Gosson, se trouvait dans une situation délicate. Les troupes étaient demeurées à bord, sur le refus du gouverneur Siberg de les laisser débarquer : séjour dangereux pour la santé des passagers et des équipages qui entravait « la célérité que (Linois) désirait mettre aux opérations nécessaires pour reprendre la mer[1] ». A travers les négociations qui se poursuivirent, une idée apparaît chez les Hollandais : c'est que l'envoi de troupes et d'officiers, et d'autres étaient encore annoncés, constituait une ruse du gouvernement français pour être maître de la colonie. Par le tact qu'il montra, la considération qu'il inspira, l'amiral répara, autant que faire se pouvait, l'imprudence politique de Decaen et les légèretés de son subalterne. Peut-être ne put-il effacer la méfiance du gouvernement colonial, et la conséquence en aurait été de renforcer les motifs d'abstention de la marine batave.

Après être demeuré quinze jours sur la rade de Batavia, ayant fait six mois de vivres, muni ses navires de rechanges et munitions navales pour une partie seulement de ce qui leur faisait défaut, vu le dénûment des magasins du gouvernement, Linois mit à la voile le 8 nivôse (30 décembre) : un brick batave, *l'Aventurier*, capitaine Van Sande, l'accompagnait. La malignité du climat avait encore épargné ses équipages, ne faisant sentir son influence qu'à la longue : elle n'y manqua pas [2].

V

Linois s'établit, quelques jours, en croisière à l'entrée du détroit de la Sonde ; en effet, il résultait des indications recueillies que le convoi de Chine se partageait, parfois, en deux flottes : l'une, allant à Madras ; l'autre, en Europe par le détroit de la Sonde. Partie dans

1. Linois à Siberg, 23 frimaire, an XII (15 décembre 1803), AC, 103.

2. Linois à Decaen, 6 nivôse, an XII (28 décembre 1803), *ibid.* : « Nos équipages étant privés de salaisons, vins, farine, remplacés par du riz et de l'arrack (eau-de-vie indigène), j'ai pris du sucre et du café à Batavia, pour leur donner quelques douceurs. »

les derniers jours de décembre ou les premiers de janvier, celle-ci se trouverait au lieu de sa croisière vers la mi-janvier. Ayant acquis la certitude, ne l'ayant pas vu paraître dans les délais, que le convoi entier passerait, cette fois, par le détroit de Malacca, il résolut de s'établir au S.-E. des îles Anambas, au large de l'île Pulo-Aor. « Aucun navire ne peut pénétrer dans le détroit sans en passer très près [1]. » Il s'engagea donc dans les détroits de Gaspard dont « un préjugé routinier et des craintes chimériques avaient jusqu'à lui interdit la fréquentation à de grands navires [2] ». Il dérobait sa marche : aucun marin ne soupçonnerait qu'il eût osé, avec un vaisseau, s'engager dans ce bras de mer formé par les îles Banca et Billington, passage parsemé d'îlots, d'écueils, et cela pendant la période des ouragans dévastateurs.

Ce fut chose inouïe que les peines et les fatigues éprouvées. « Équipages, officiers, commandants, tout le monde, raconte Bonnefoux, était harassé ! Les calmes, les vents contraires, les grains se succédaient, sans interruption ; les courants étaient contre nous... Joignons-y que nous naviguions, sans cesse, sur des hauts-fonds, au milieu d'îles et de bancs mal déterminés sur nos cartes...

« Nous appareillions et mouillions jusqu'à quinze fois par jour, quêtant, recherchant sans cesse, le moindre souffle d'un bon vent ou quelque lit de courant moins rapide ; aussi, souvent, n'avancions-nous pas d'une lieue par jour [3]. »

S'il eût pris la route habituelle du détroit de Banca, il se fût, probablement, heurté à une force ennemie. A Madras, on n'osait espérer que Linois fût resté au détroit de la Sonde ; on estimait donc que, s'il ne s'était pas attardé à Batavia et avait pris la route habituelle, il ne doublerait pas Pedro-Blanco, à la sortie du détroit de Banca, avant le 15 janvier [4]. Au reçu des nouvelles de Bencoolen, Rainier avait détaché de son escadre deux vaisseaux, l'*Albion* et *le Sceptre*, de 74. Ils furent aperçus, le 24 janvier 1804, de Pulo-Pinang (détroit de Malacca). Les vaisseaux anglais venaient surveiller le détroit de Banca, pensant que Linois n'avait pas encore pu en déboucher.

1. Bonnefoux, *Mémoires*, p. 117.
2. Delarue, *Précis historique de la campagne...*, précité.
3. Bonnefoux, *Mémoires*, p. 115.
4. *Annual asiatic register for the year 1804*, *loc. cit.*, p. 95.

Linois croisait, alors, au large de Pulo-Aor; le 6 pluviôse (27 janvier), il était entré dans la mer de Chine, ayant mis quinze jours à franchir les détroits de Gaspard. En questionnant les insulaires, on eut la certitude que le convoi n'était pas passé. Le 7 pluviôse (28 janvier), la division prit un brick, *l'Amiral Rainier;* le 22 pluviôse (12 février), ce fut le tour du trois-mâts, *l'Henriette*, riche capture qui fut expédiée pour Batavia : l'amiral ne voulut pas lui faire courir le risque de la sortie des détroits, ni le faire escorter, afin d'avoir toutes ses forces avec lui. Le canot qui avait été l'amariner, disparut en revenant à son bord ; les recherches furent vaines. Contre toute espérance, le lieutenant Martel, l'enseigne de la Noue, l'agent Robinot et leurs hommes, après avoir erré une quarantaine de jours, furent secourus par le sultan de Bantam, et purent gagner Batavia [1].

Outre ces deux prises, nos navires visitèrent plusieurs neutres venant de Canton et Macao. Un bâtiment de la compagnie danoise « donna différentes nouvelles relatives au convoi de Chine [2]». C'est à lui, sans doute, que Linois fait allusion dans son rapport quand il écrit : « J'obtins des renseignements positifs sur la flotte anglaise ; un brick était arrivé récemment et annonçait une escorte de deux vaisseaux et de deux frégates. Plusieurs bâtiments de la compagnie s'armaient de leur première et deuxième batteries. Le plus grand secret était gardé sur l'époque du départ de ces bâtiments qui devaient faire tous route ensemble [3]. » Renseignement exact mais qui, incomplet, allait, à l'heure décisive, causer une erreur d'appréciation de l'amiral, aux conséquences fatales pour lui et pour les intérêts de notre marine et de nos colonies.

Le 24 pluviôse, an XII (14 février 1804), le temps s'était un peu amélioré ; néanmoins, mer agitée, rafales et grains intermittents ; le vaisseau *le Marengo* était mouillé dans le S.-E. de Pulo-Aor, à la distance de sept lieues : « le mauvais temps et la force des courants l'avaient affalé à près de deux lieues de distance des frégates [4]. » A huit heures, ses vigies signalèrent trois voiles, dans le N.-N.-E.

1. TOMBE, *op. cit.*, contient le récit de leurs aventures Martel succomba aux suites de ses fatigues.

2. ARCHIVES MUNICIPALES D'HONFLEUR : *Journal de la Sémillante.*

3. Rapport de Linois sur sa première croisière, A. M., BB^4 208.

3. Rapport de Delarue, *ibid.*

Linois fit aussitôt appareiller. A neuf heures, le temps s'était éclairci ; les frégates *la Belle-Poule* et *la Sémillante* signalèrent onze voiles, puis treize, et se replièrent sur *le Marengo* qui laissa arriver sur elles, vent arrière. A bord de nos bâtiments, ce cri de : Navires ! des vigies, le nombre de voiles signalées ont retenti et fait courir un long frémissement ; les haubans se garnissent d'hommes scrutant l'horizon ; les malades eux-mêmes s'arrachent de leurs cadres et accourent sur le pont. Une même émotion, du mousse aux commandants, a fait battre les cœurs : c'est le convoi de Chine qui donne droit dans l'embuscade. C'est la gloire, c'est la fortune ! Comme jadis les *conquistadores* en vue des terres du nouveau monde, nos marins, eux aussi, voyaient leur beau rêve de richesses et d'honneurs s'avancer vers eux, réel, vivant.

Le convoi de Chine, sous les ordres du commodore Dance, avait quitté Canton le 31 janvier 1804, Macao, le 6 février ; il se composait de dix-sept *indiamen*, vaisseaux de la Compagnie des Indes, du port moyen de douze cents tonneaux, plusieurs même en jaugeant treize et quinze cents (c'était la dimension d'un vaisseau de guerre) et de onze *country-ships* qui avaient jugé prudent de se joindre au convoi, connaissant la guerre et l'apparition de Linois dans les mers de Chine.

Le Royal-Georges, chef de file, signala, le premier, quatre voiles suspectes au commodore qui lui donna l'ordre, ainsi qu'à l'*Alfred*, au *Bombay-Castle* et au *Hope* de chasser en avant, pour les reconnaître [1]. Ils n'eurent aucune hésitation : c'est Linois.

S'ils avaient tenté de s'enfuir, les bateaux anglais eussent probablement été pris ; Dance sauva, par son sang-froid et son énergie, les richesses qui lui avaient été confiées. Loin de songer à la retraite, il signale à ses navires de former la ligne de bataille, en ordre serré, et de se préparer à combattre. Les équipages furent à la hauteur de leur chef ; la ligne fut formée correctement ; on dégagea les ponts et les batteries en jetant à la mer cages et caisses ; des pièces de canon furent sorties des cales et mises en place [2].

1. W. James, *op. cit.*, t. 3, p. 248.

2. Marryat, *Newton Forster*, t. 2, p. 161. Marryat, auteur de romans maritimes, a raconté, dans *Newton Forster*, la rencontre de Pulo-Aor, récit exact, décrit d'après les souvenirs d'officiers anglais, ses collègues.

La petite escadre française avait pris l'ordre de bataille naturel; le temps redevint brumeux, des grains forcèrent à diminuer de voiles [1]. Les bâtiments du convoi restaient en panne, à une grande distance, au vent. Passant en poupe du *Marengo*, Bruillac sollicita et reçut l'ordre de reconnaître la force de l'ennemi. « J'en approchai à deux tiers de lieue, conformément aux ordres du général. Je le ralliai à cinq heures et demie et lui rendis compte que j'avais parfaitement reconnu deux vaisseaux armés de leurs deux batteries et que j'en avais distingué quinze ou seize autres du même rang, auxquels je n'avais pas aperçu de canons dans leurs batteries basses; que quatre ou cinq paraissaient destinés à la protection du convoi, mais je ne les présumais par très forts [2]. » Bruillac passant en poupe du *Marengo* avait fait ce rapport, à la voix, à son chef, ajoutant gaiement : « C'est aujourd'hui le jour de gloire et de fortune [3]. » Ce rapport, loin de décider Linois qui se trouvait alors dans les eaux du convoi à brusquer l'attaque que Dance s'attendait à voir se produire sur ses navires de queue, accrut ses hésitations. On lui avait annoncé vingt-cinq bâtiments, il en comptait vingt-huit; il inclinait donc à penser que l'escorte attendue avait rallié la flotte marchande. Il n'y avait aucun vaisseau du roi, mais lui avait beau observer, il ne démêlait pas la force exacte de l'ennemi. Se rappelant ses instructions, il ne voulut pas exposer sa division, surtout dans un combat de nuit que son expérience lui faisait redouter. Il signala donc à ses capitaines qu'il n'engagerait l'ennemi que le lendemain [4].

Hommes et officiers furent consternés; leur ardeur et leur opinion les portaient à l'action; l'enthousiasme de la jeunesse avait, cette fois, raison contre l'expérience de son chef. « La physionomie bouleversée de nos matelots, leur silence respectueux, mais glacial, indiquèrent qu'ils auraient préféré, de beaucoup, attaquer immédiatement; cependant leur moral se remonta pendant la nuit [5]. » Vrignaud, poussé par l'instinct que Linois commettait une faute, se précipita vers lui et, oubliant toute discipline, lança cette exclamation : « Tombons fièrement au milieu d'eux; il n'y a pas de nuit qui

1. ARCHIVES MUNICIPALES D'HONFLEUR : *Journal de la Sémillante*.
2. Rapport de Bruillac, A. M., BB⁴ 208.
3. BONNEFOUX, *Mémoires*, p. 118.
4. *Annual asiatic register for the year 1804*, p. 129.
5. BONNEFOUX, *Mémoires*, p. 118.

tienne, et feu des deux bords [1]. » « Toute la nuit la division courut de petits bords, pour être toujours à même d'observer la flotte anglaise et lui gagner le vent [2]. » Citons, en outre, ces quelques lignes du *Journal de bord de la Sémillante;* dans leur sécheresse, elles nous renseignent brièvement : « Après avoir changé d'amures, rectifié l'ordre — à huit heures et demie et onze heures, viré par la contremarche — la dernière fois près de quelques-uns des bâtiments du convoi qui conservaient des feux allumés [3]. »

Cette ferme contenance affermissait les doutes de Linois; son capitaine de pavillon, Delarue, les partageait et contribua à les affermir, dit-on, dans l'esprit de son supérieur. Celui-ci pensait que, « si leur contenance était une ruse, ils se déroberaient, pendant la nuit et, dans cette occasion, il pourrait profiter avec avantage de leurs mouvements [4] ». Espérance vaine : le convoi se tenait en panne, en ordre de bataille, ses feux toujours allumés.

Ces heures de répit, Dance en profita pour réunir ses capitaines à son bord sur le *Earl Cambden*. Ils adoptèrent unanimement son avis : si les navires se séparaient et cherchaient à fuir, les Français les atteindraient, les attaqueraient, les uns après les autres, et s'en empareraient. Il fut décidé qu'on renforcerait les équipages des navires en marins anglais, les lascars et les Chinois étant de médiocres combattants; le lieutenant Robert Fowler, de la marine royale, ex-commandant de *la Porpoise* récemment naufragée, et passager, se rendit sur *le Ganges* [5]. Il visita les « *country ships* » auxquels il porta l'ordre de former toujours une colonne sous le vent, leur prit des volontaires, pour renforcer les équipages [6]. Ces matelots ne durent être répartis que sur un petit nombre d' « *indiamen* »; le rôle joué, le lendemain, par un petit groupe d'entre eux permet de le croire avec certitude, comme aussi que les autres vaisseaux de la Compagnie auraient fourni des hommes pour mettre sur un bon pied ce même groupe. Au jour, la division avait gagné le vent au convoi qui restait à une lieue environ ; la brise était

1. *Ibid.*
2. Delarue, *Précis historique de la campagne*, etc., précité.
3. Archives municipales d'Honfleur : *Journal de la Sémillante*.
4. Rapport de Linois, précité.
5. Marryat, *op. cit.*, p. 160.
6. W. James, *op. cit.*, t. 3, p. 218.

faible. Linois en profita pour appeler à son bord ses commandants; il leur fit part « de son intention expresse de n'attaquer qu'avec une brise décidée [1] » et de se porter alors sur le centre, pour couper les vaisseaux de queue.

A sept heures et demie, on hissa les couleurs. Linois, quoique à portée de distinguer les bâtiments de la flotte ennemie, n'arrivait pas à reconnaître leur force réelle : vingt de ces bâtiments avaient l'apparence de vaisseaux à deux batteries ; ils naviguaient sur deux lignes, dont l'une de huit navires ; cinq, plus fortement armés sans doute, se tenaient à peu près à la hauteur du centre du convoi [2].

A huit heures, les Anglais hissèrent leurs couleurs ; trois vaisseaux ainsi que le brick, arborèrent pavillon à queue bleue et flamme de guerre. Dance a compris que sa ferme attitude a impressionné son adversaire; il faut lui en imposer davantage et, sachant qu'à la guerre il faut parfois coudre la peau du renard à celle du lion, il a eu recours à une ruse qui va lui réussir parfaitement [3]. La flotte anglaise était alors partagée en trois escadres, comme au temps du duc d'York et du prince Rupert. « L'escadre blanche prend poste à l'avant-garde; l'escadre rouge compose le corps de bataille ; l'escadre bleue forme l'arrière-garde. Chacune a son pavillon qui la distingue des deux autres. Elle le porte dans toutes les mers et dans toutes les missions. Ce pavillon, en effet, n'est pas affecté au bâtiment même ; c'est le pavillon de l'officier général qui commande. L'ancienneté, cette grande loi de la marine anglaise, fait successivement passer les officiers généraux de l'escadre bleue à l'escadre blanche, à l'escadre rouge. Le pavillon à queue rouge demeure le pavillon national par excellence [4]. » Rainier, commandant dans les mers de l'Inde, appartient à l'escadre bleue ; c'est pourquoi Dance a fait arborer le pavillon à queue bleue. Linois croira avoir devant lui des vaisseaux du roi ; pour que le succès de la ruse soit plus complet, Dance l'a fait arborer par le nombre de navires annoncé comme escorte. Il réussit pleinement.

« Les présomptions de la présence de l'escorte se réunissaient et devaient me rendre circonspect et m'empêcher de me livrer ; néan-

1. Rapport de Motard, AM., BB4 208.
2. Rapports de Linois et de Bruillac, précités.
3. W. JAMES, *op.* et *loc. cit.*
4. JURIEN DE LA GRAVIÈRE, *L'amiral Roussin*, p. 39.

moins, j'attaque pour mieux juger de la force de ces bâtiments... [1] » Toutes les présomptions sont, pour lui, qu'il est en présence d'une flotte marchande, capable de se défendre, et d'une division ennemie. Il attaquera pour en avoir la certitude ; la marche supérieure de son escadre lui donnant la confiance de pouvoir se soustraire à temps aux manœuvres de l'ennemi [2]. Il semble bien que ses capitaines n'eurent pas les mêmes doutes. Dans leurs rapports bienveillants pour leur chef malheureux, ils constatent qu'il n'y avait aucun vaisseau du roi ; Halgan déclare même qu'une partie des batteries qu'on leur voyait devait « sans doute être peinte, puisqu'on savait avoir affaire à un convoi de vaisseaux anglais de la Compagnie... [3] ».

A sept heures quarante, *le Marengo* laissa arriver sur la tête du convoi, suivi par *la Sémillante* et *la Belle-Poule* ; *le Berceau* et *l'Aventurier* se tenaient au vent à petite distance. La brise, faible de l'O. à l'O.-N.-O. et mollissant, ne permit pas de porter plus au vent que sur le centre, restant au sud. Les rivages du détroit de Singapore se dessinaient à l'horizon. « A midi vingt, rapporte Linois, je fis arriver, tout plat, pour couper les vaisseaux à la queue de l'ennemi [4]. » Les Anglais n'avaient pu jusqu'alors démêler les intentions de l'amiral. « La situation des vaisseaux de l'arrière devenait très critique et s'ils eussent été coupés de l'avant-garde et du centre », ils eussent entraîné la perte de la flotte. Le capitaine John Timmins du *Royal Georges*, héla Dance que l'ennemi allait attaquer son arrière-garde ; que la première ligne, à son avis, devait virer sous toutes voiles et engager l'ennemi. Dance approuva le mouvement qui fut immédiatement exécuté par les huit vaisseaux de la première ligne, en virant vent devant par la contre-marche, avec une précision remarquable [5]. Linois revint, tout de suite, au vent pour combattre les deux premiers [6]. *Le Marengo* envoie sa bordée au *Royal Georges*. Celui-ci plie, mais soutenu par le *Ganges* et le *Earl Cambden*, il soutient le feu. *Le Warley* et *l'Alfred* viennent prendre part au combat. *La*

1. Lettre de Linois à Bruix, Gantheaume, etc., « A bord du Marengo : 12 thermidor » an XIII (31 juillet 1805), reproduite par SAINT-ELME-LE-DUC, BN., *Mss.* 1, p. 1291.
2. JURIEN DE LA GRAVIÈRE, *op. cit.*, p. 41.
3. Rapport Halgan, AM., BB4 208.
4. Rapport Linois, précité.
5. *Annual asiatic register for the year 1804*, p. 129.
6. Rapport de Linois, précité.

Belle-Poule et *la Sémillante* soutenaient leur chef de file. Le feu des Anglais qui était bien entretenu tendrait à prouver qu'ils avaient des équipages nombreux [1]. Plusieurs navires avaient levé leurs filets d'abordage et tiraient de leurs deux batteries qu'ils n'avaient démasquées qu'en combattant, ce qui fit supposer à Linois que l'ennemi lui avait tendu un piège, pour l'entraîner à combattre.

La lutte se poursuivit à grande distance. La tactique des Anglais apparaît comme tendant à éviter le combat à courte portée, où la supériorité de l'artillerie du *Marengo* aurait pu leur être fatale. Ils tiraient à démâter. *L'Aventurier* et *le Berceau* trop éloignés ne prenaient pas part à l'action [2]. Tous les navires anglais avaient successivement viré ; deux « couraient au plus près, pour porter au vent, dans l'intention sans doute de doubler la division au calme, tandis qu'eux recevaient encore la brise [3] ». Bruillac aperçoit le danger, présente le travers et couvre l'arrière du *Marengo* mais, en même temps, Linois « virant lof pour lof pour venir sur bâbord » se couvre de voiles et s'éloigne signalant à ses navires de l'imiter [4].

La fière contenance de l'ennemi, la correction de ses manœuvres, son feu soutenu, son dessein de l'envelopper l'avaient convaincu qu'il lui était supérieur, et, conformément à ses instructions qui lui prescrivaient de ne pas compromettre ses navires, il s'était résolu à la retraite.

Trois heures durant, les vaisseaux de la « vieille lady [5] » poursuivirent les nôtres ; ils faillirent enlever *l'Aventurier*. Dance leva la chasse, et rejoignit le reste de son convoi qui, pendant le combat, avait gagné l'entrée du détroit. Le 28 février, le convoi de Chine mouillait à Pulo-Pinang, en même temps que *l'Albion* et *le Sceptre*. Nous n'avions eu que des avaries de mâture ; la flotte britannique eut un tué et un blessé. L'affaire avait duré environ une demi-heure.

« Telle fut la fin déplorable d'une tentative qui assombrit pour longtemps nos marins, qui acheva d'aigrir le général Decaen, qui jeta une teinte de ridicule sur nos subséquentes opérations, qui agit sur les conceptions futures ou sur les décisions de l'amiral et qui

1. Rapport de Motard, précité.
2. Rapport de Van Sande, AM., BB4 208.
3. Rapport de Bruillac, précité.
4. Rapport de Linois, précité.
5. Sobriquet anglais pour désigner la Compagnie des Indes.

indisposa vivement le Ministre de la marine et l'empereur. Les officiers de la division en furent consternés [1]. » « C'était, aussi, un fait très grave qu'une flotte marchande mettant en fuite une division de guerre [2]. » Le retentissement qu'eut cette rencontre fut immense. « Fuyards du convoi de Chine » criait-on à Batavia, à nos marins. La réputation de Linois fut gravement atteinte : « il fut, pendant une courte période, le jouet des deux hémisphères [3] ».

Les Anglais poussèrent des cris de triomphe ; le cabinet de Saint-James, la presse exploitèrent l'événement. Notre division s'était retirée, imprimait la *Gazette de Madras*, « après un combat honteux contre la courageuse défense de trois vaisseaux de compagnie [4] ». Dance fut acclamé, créé chevalier ; il reçut un don de deux mille guinées. C'était justice. Il sut allier la fermeté, la décision, à un légitime souci des richesses dont il avait la garde. Ses capitaines reçurent des dons importants.

Decaen, au retour de Linois, écrivit à Decrès, soulignant ce que ce retour avait d'inattendu ; il marquait son étonnement de l'échec, observant l'indécision de l'attaque, la faute de combattre à grande distance, l'erreur de l'amiral qui avait cru avoir affaire à des vaisseaux de guerre. Son jugement était sévère. Celui de la colonie ne l'était pas moins. Linois commit la faute d'envoyer Delarue en France, pour y apporter sa justification. Malencontreux avocat ! son rapport emphatique, exagéré, ne pouvait qu'indisposer l'empereur, irrité qu'il eût abandonné son commandement. « Il est également contre mon intention que le capitaine Larue (*sic*) reste plus de vingt-quatre heures à Paris. Ce capitaine m'a écrit, je ne lui répondrai pas.... [5]» Decrès informait Linois de ce refus ; c'était gros d'orage ; la fin de la lettre n'était pas rassurante : « En envoyant à S.M. vos dépêches, j'ai dû m'abstenir de préjuger

1. Bonnefoux, *Mémoires*, p. 119.

2. Fulgence Girard et Lecomte, *Chronique de la Marine française depuis 1789*, t. IV, p. 307.

3. Mahan, *The influence of sea power upon the french revolution and empire*, t. II, p. 214.

4. *Gazette de Madras* : article reproduit dans le *Moniteur universel*, n° 359, 29 fructidor, an XII (16 septembre 1804).

5. Napoléon à Decrès, 10 vendémiaire, an XIII (2 octobre 1804), *Corresp. Nap.*, t. X. — Delarue ne repartit pas : il était gendre du célèbre Sané, ingénieur des constructions navales, créateur de la marine à voiles de l'Empire et de la Restauration, membre de l'Académie des Sciences. Cette parenté explique cet oubli.

l'opinion qu'elle se formera de vos opérations ; mais j'ai particulièrement fixé son attention sur la durée de la croisière que vous avez faite, les fatigues et l'expérience qu'ont dû acquérir les équipages [1]. »

Lefèvre, aide de camp de Decaen, parti en même temps que Delarue, fut reçu par Napoléon ; il lui remit ses dépêches et les commenta dans le sens indiqué par son général. L'amiral Gantheaume, consulté, avait porté un jugement sévère. « Si Linois s'était approché, à portée de pistolet, l'ennemi n'eût pu résister à une seule de ses volées [2]. » La colère impériale fut terrible. Le ridicule qui rejaillissait sur sa marine le blessait, en pareil moment, au plus vif de son orgueil. Il écrivit à Decrès qui avait cherché à excuser Linois : « Si Linois eût attaqué le convoi, il eût été accueilli par tout le monde à l'île de France avec des applaudissements et de la considération. Decaen mérite des remerciements pour avoir pris part à la gloire nationale.... il n'a été que l'organe des habitants et de ses équipages, d'une partie de l'escadre elle-même. Certes, je ne dis pas trop que, si un pareil événement fût arrivé à une escadre anglaise, l'amiral eût perdu la tête sur un échafaud, et mon opinion est franchement que je préférerai la perte du *Marengo* à la tache que reçoit le caractère national. Je ne reviendrai jamais là-dessus, car mon opinion se fonde sur le propre rapport de l'amiral..... Écrivez à Linois, faites-lui sentir toute la force de sa faute ; combien est erronée son opinion qu'il est la ressource de la marine aux Indes. Tant qu'il y aura du bois dans les forêts et des matelots sur les côtes de France, personne ne pourra se dire la ressource de la marine... Après avoir établi tout ce qu'eût fait, à sa place, le plus médiocre officier anglais et le lui avoir dit, sèchement et rudement, car cette lettre doit être connue de la postérité, vous lui direz qu'il a manqué de courage d'esprit, courage que j'estime le plus dans un chef ; qu'il s'en faut beaucoup qu'il ait perdu dans mon esprit sous le point de vue de son courage physique ; que j'espère qu'avant de rentrer en France, il trouvera l'occasion de rendre à son pavillon quelque éclat... Faites imprimer, dans le *Moniteur*, la relation de la rencontre... par l'amiral Linois ;

1. Decrès à Linois, 10 vendémiaire, an XIII (2 octobre 1804), A. M., BB² 98.
2. TROUDE, *Batailles navales*, t. III, p. 424.

car il ne serait pas juste qu'on voulût entacher son honneur sur le simple rapport du général Decaen qui n'y était pas. Malheureusement, ce qu'il en dit n'en fera pas concevoir une meilleure opinion [1]. » Jugement bien sévère ! Napoléon oubliait même les instructions qu'il avait données de ne pas compromettre la division. Il adoptait l'opinion établie, celle de gens non présents à l'affaire et qui, comme Decaen, se chargeaient inconsciemment de faire le jeu des Anglais : ridiculariser et démoraliser notre marine. « Il n'a manqué qu'une chose au vainqueur d'Austerlitz : le sentiment exact des difficultés maritimes [2]. » Decrès transmit à Linois ce blâme, en l'accompagnant d'observations sévères. Il lui reprochait : le combat à distance, ses hésitations, sa crainte d'être enveloppé, quand ses frégates eussent pu couvrir son arrière ; enfin, de n'avoir pas eu l'idée, s'il marchait mieux que les bâtiments du convoi, de le harceler, et s'ils étaient meilleurs marcheurs et qu'ils l'abandonnassent, qu'ils avaient intérêt à ne pas combattre [3]. Linois et Decaen étaient blâmés pour l'emploi de l'*Atalante*. Napoléon ne revint pas sur son opinion ; il laissa encore insérer au *Moniteur*, dans le rapport annuel du Ministre de l'intérieur, cette phrase : « Les îles de France et de la Réunion seraient aujourd'hui le dépôt des richesses de l'Asie. Londres serait dans les convulsions du désespoir si l'inexpérience et la faiblesse n'avaient trompé le projet le plus habilement concerté. »

Quand Linois connut cette dernière flétrissure, il écrivit une lettre à ses pairs (Bruix, Gantheaume, Morard de Galles, etc.). Le ton en était très digne et les raisons sérieuses. Il observait que des officiers, comme Sercey, Renaud, pratiques des mers de l'Inde, avaient commis la même erreur que lui, prenant des vaisseaux de la Compagnie pour bâtiments de guerre ; il montrait que ces vaisseaux n'étaient pas de simples navires de commerce ; il faisait valoir que ses renseignements lui permettaient de supposer que l'accroissement des voiles du convoi provenait d'une escorte. Il ajoutait que sa petite escadre était très faible : « Devais-je en venir à une action décisive lorsque mes instructions me prescrivaient d'éviter

1. Napoléon à Decrès, 5 vendémiaire, an XIII (27 septembre 1804), *op. cit.*, t. IX.
2. Jurien de la Gravière, *op. cit.*, p. 43-44.
3. Decrès à Linois, 14 vendémiaire, an XIII (6 octobre 1804), A. M., BB2 98.

d'exposer à des chances défavorables les forces qui m'étaient confiées... Si l'on suppose que j'aie manqué de courage en attaquant la flotte de Chine, la sévérité des lois, exercée contre moi, deviendra un exemple utile ; si l'on juge que l'apparence et l'appareil important de cette flotte m'avaient abusé sur sa force réelle, je n'ai commis qu'une erreur ; mais je n'en suis pas moins sous le coup de la loi ; il serait trop dangereux d'admettre une telle excuse : elle justifierait une véritable faiblesse [1]. » C'était poser nettement la seule question qui permette de porter un jugement autorisé. Avait-il eu devant lui une force supérieure ?

Écartons, d'abord, cette allégation de Decaen qu'il avait été chassé par des bâtiments de commerce, dont une partie n'était armée que de canons en bois [2]. En parlant ainsi, le capitaine danois, interrogé, s'était servi d'une expression technique, signifiant que les pièces étaient dans la cale. Decaen l'avait pris à la lettre. Le silence des documents anglais, et ils n'eussent pas manqué de le proclamer, en est une preuve.

Les vaisseaux de Compagnie n'étaient pas simples vaisseaux de commerce, mais, « en réalité, pour une grande part, navires de guerre ; les équipages étaient exercés, très souvent, avec les armes légères et à la manœuvre de l'artillerie, autant que l'occasion s'offrait [3] ». Il y avait à leurs bords cent soixante hommes, matelots indigènes compris et, depuis 1801, leur artillerie renforcée se composait de trente-six pièces de 18, dont 26 dans la batterie. En était-il ainsi au moment de la rencontre ? On l'a contesté. Aucun n'aurait été, alors, un adversaire pour une frégate comme *la Sémillante*, et quelques-uns même pour *le Berceau*. A cette simple affirmation, on ajoute qu'il est difficile de combiner, dans le même espace, l'arrimage d'une riche cargaison et la puissance militaire ; les batteries et les ponts sont encombrés [4].

Une lettre à Linois, de Lemême, corsaire estimé de l'île de

1. Linois à Bruix, etc., 12 thermidor, an XIII (30 juillet 1805), citée par Saint-Elme-Le-Duc, *op.* et *loc. cit.*

2. Decaen, *op. cit.*, P. D., t. X ; Prentout, *op. cit.*, p. 353.

3. R. G. Cornewall Jones, *The british merchant services*, p. 75.

4. W. James, *op. cit.*, t. III, p. 251 ; Mahan, *op. cit.*, t. II, p. 214 ; Chevalier, *Histoire de la marine française sous le Consulat et l'Empire*, p. 297. Ces deux derniers ne font, à vrai dire, que reproduire les assertions de W. James.

France, va nous fournir quelques données d'appréciation : « J'ai l'honneur de vous transmettre, suivant vos désirs, la déclaration que m'a faite M. Cook, officier américain, pris par moi sur le navire anglais, *la Pomona,* lequel est venu de Chine sur le convoi que vous avez attaqué. Voici son expression (*sic*) : « Sur le désir « que le contre-amiral Linois a de connaître les forces du convoi de « Chine, je vous fais savoir que je me trouvais sur le navire le « *Canon de Bombay* (?) (probablement, le *Bombay Castle*), en com- « pagnie depuis Macao de 28 voiles, dont cinq montaient 50 canons, « et 17 autres, depuis 28 jusqu'à 44. Le reste n'était pas armé ou « l'était peu. Il n'y avait aucun vaisseau du Roi. Lemême[1]. » Ce témoignage, que Decaen qualifiait de complaisance, nous paraît être exact, si on le rapproche avec d'autres données. Il corrobore avec les renseignements fournis, avant l'affaire, par des neutres; que plusieurs vaisseaux s'armaient, à Canton, de leurs deux batteries ; avec les rapports d'Halgan et de Motard, parlant l'un de quatre vaisseaux ayant soixante canons ; l'autre, de plusieurs navires ayant plus ou moins de pièces à leurs deux batteries. Rien de plus vraisemblable si l'on se rappelle que la guerre avait été connue, en Chine, au mois d'octobre et la présence de Linois, en janvier, que Dance ait cru devoir renforcer l'armement de sa flotte. D'après ses déclarations, seize navires avaient 2.259 hommes et 652 pièces ; les autres portaient ce dernier chiffre à 784. Les équipages étaient faibles, a-t-on dit : sans doute, mais en enlevant sur la plupart des bâtiments les marins européens, on avait pu sérieusement armer les vaisseaux de la première ligne. Quoi qu'en ait écrit W. James, qu'aucun n'était de taille à lutter contre une frégate, *le Warren Hastings*, l'un des vaisseaux du convoi, ne fut capturé, plus tard, par *la Piémontaise* (1806) qu'après quatre heures de combat, à courte distance, son équipage et son armement n'étant, cependant, plus alors renforcés.

Le Marengo avait le 14 février, quatre-vingts malades, et quatre-vingt-huit lascars ; les frégates, la même proportion. La petite escadre ne portait que 192 pièces. Il semble donc que le second jour le succès, sans être improbable, n'était pas certain. En se

1. Le même à Linois, 13 prairial, an XII (2 juin 1804), citée par SAINT-ELME-LE-DUC, B. N., *Mss.* 1, p. 1289.

tenant à longue portée, pour contrebalancer la supériorité de calibre de notre artillerie, les navires ennemis eussent pu nous désemparer. La manœuvre, cherchant à nous envelopper, n'indique-t-elle pas, d'ailleurs, des gens prêts à une lutte sérieuse ?

La Gazette de Madras, qui parlait d'un combat honteux (subby-fight), faisait cette remarque, à retenir : « Si la division fût restée assez longtemps pour que le reste de la flotte ait pu joindre... il n'est pas improbable que l'amiral français aurait été pris, car le vaisseau français était d'une marche indifférente et était, d'ailleurs, fort mal manœuvré. »

Si Linois eût attaqué le 24 pluviôse (14 février), ses chances eussent été plus grandes : c'est l'opinion admise. « En parlant de votre combat avec un homme qui a beaucoup navigué dans ces mers, écrivait Saint-Elme-le-Duc quarante ans plus tard,... mon interlocuteur me donnait à entendre que, lors de la rencontre, le résultat aurait été différent. C'est que le délai d'un jour à l'autre a laissé aux capitaines le temps de faire monter leurs pièces de la cale et de les mettre en batterie [1]. » C'était l'avis de Decaen ; celui de Bonnefoux. Pour se prononcer avec certitude, il faudrait connaître, exactement, l'état de la flotte de Chine au départ de Macao. Nos équipages étaient-ils assez aguerris pour un combat de nuit ? Le doute persiste donc.

« M. de Linois a manqué le convoi de Chine... Y a-t-il de sa faute ? Je ne le pense pas, persuadé que cet officier général est un des plus braves de la guerre de la révolution ; mais il avait une mauvaise vue et n'était pas bien secondé... Le général Decaen était un excellent homme, mais violent. Il donna, peut-être, trop de carrière à sa mauvaise humeur. Une erreur ne méritait peut-être pas autant de bruit qu'il en fit ; une erreur pouvait être réparée plus tard [2] .»

Terminons l'affaire de Pulo-Aor sur cette opinion de Bouvet, avec une réserve sur l'erreur pour lui commise par Linois, et achevons le récit de la première croisière.

Après avoir franchi, à nouveau, les détroits de Gaspard, la division fut ralliée par *l'Atalante*, le 2 ventôse (22 février) ; elle mouilla

1. Saint-Elme-Le-Duc à Linois, fils, 26 août 1840, B. N., *Mss*. 2, p. 83.
2. Bouvet à Saint-Elme-Le-Duc, 17 octobre 1843, *ibid.*, p. 307.

à Batavia, le 6 ventôse (28 février). Linois jugeait une croisière à Pulo-Aor désormais inutile ; quant à aller sur les côtes de l'Inde, *le Marengo* « n'avait pas une marche assez avantageuse pour ne pas craindre de le compromettre, et même la totalité de la division, en le faisant naviguer dans des parages où il avait la certitude qu'il existait des forces supérieures [1]. » Il avait appris par Siberg, qu'il y aurait bientôt douze vaisseaux anglais dans les mers de l'Inde. Il avait des malades et des réparations à effectuer ; il renonça donc aux projets, dont il avait entretenu Decaen. Celui-ci ne manqua pas de lui en faire grief.

Il avait rencontré, sur la rade de Batavia, l'amiral Hartzinck, arrivé du Ferrol, le 1er février, avec les vaisseaux de 70, *Resolutre* et *Schrickvernekker* (*le Terrible*), la frégate *Pallas* (36 canons) et *Scipio* (20 canons) [2]. Lui et ses commandants étaient des hommes de valeur [3]. Linois pensa à une opération combinée des deux forces contre Bencoolen qu'il voulait détruire et contre Balambang, au nord de Bornéo [4]. Malheureusement, si « le gouvernement hollandais, dès qu'il avait vu la guerre inévitable, s'était empressé de faire usage de toutes les ressources dont il pouvait disposer pour secourir l'île de Java [5] », il n'avait envoyé que des navires mal armés, devant naviguer dans les mers d'Europe, expédiés du Ferrol où ils étaient en relâche, et donné à Hartzinck des instructions inspirées, soit par une fausse conception de son emploi, soit par sa duplicité politique qui rendaient cette force inutile. « Les ordres les plus sévères et déterminés avaient été donnés par le gouvernement batave à l'amiral Hartzinck pour l'obliger à ne pas quitter l'île de Java, pour aucune raison quelconque [6]. » Il déclina donc toute expédition.

« Je plains l'amiral Hartzinck, écrivait Linois, avec des vaisseaux aussi mal armés que les siens, d'être subordonné à des instructions qui le compromettront et l'empêcheront de ne consulter que son

1. Linois à Decrès, 25 germinal, an XII (15 avril 1804). A. M., BB4 208.
2. TOMBE, *op. cit.*, t. I, p. 207.
3. Rapport à S. M. le Roi de Hollande par l'amiral Verhuell, La Haye, 29 septembre 1806. A. N., AFIV, 1797.
4. Linois à Decrès, 25 germinal, an XII (15 avril 1804), précitée.
5. Janssens à Decaen, 12 janvier 1804. A. C., 103.
6. Siberg à Decaen, 27 novembre 1804, A. C., 107.

courage, pour se porter dans des parages où il puisse nuire à l'ennemi [1]. » Dans ses conversations avec les autorités, il acquit la conviction que l'amiral Dekker ne reviendrait pas, que la colonie n'était pas en état de pourvoir aux besoins d'une force maritime, qu'il n'existait pas une seule rade où elle pût s'abriter : Sourabaya, bien protégée, n'était pas assez profonde pour des frégates ; Batavia avait sa rade ouverte et pas une seule disposition n'avait été prise pour la protection des navires contre une attaque. Il fallait le besoin de vivres « pour ancrer dans cette rade sans défense et si pernicieuse, par la malignité du climat. C'est en vérité aller chercher des vivres à l'assaut [2] », concluait-il.

Le 1er mars, Hartzinck quittait Batavia, laissant à Linois un petit brick pour le piloter dans le détroit de la Sonde [3]. Celui-ci quitta Batavia le 11 ventôse (4 mars). La traversée du détroit fut périlleuse. Entraînés par des courants violents, les navires furent, plusieurs fois, en péril ; *la Sémillante* faillit rester sur de hauts fonds. La fermeté des officiers arrêta des paniques naissantes [4].

Le 15 ventôse (7 mars), à la sortie du détroit, Linois se sépara de *l'Atalante* et de *la Belle-Poule* qui avaient peu de malades. Il les envoya croiser à l'entrée du golfe de l'Inde, avec ordre de revenir à l'île de France, en visitant les abords de la Nouvelle-Hollande (Australie) [5]. Quant à lui, il reprit directement le chemin des possessions françaises. Il avait infligé quinze millions de pertes au commerce ennemi, mais il rentrait sans avoir réalisé les grandes opérations rêvées. Il avait fait une fructueuse mais banale croisière de course. Il revenait diminué aux yeux du monde, peut-être même à ceux de ses subordonnés.

VI

« Dans la matinée du 11 germinal (1er avril 1804), écrit Decaen, c'était le jour de Pâques et j'étais à la messe, on vint me prévenir que la division aux ordres de Linois était signalée ; aussitôt, j'envoyai

1. Linois à Decrès, 25 germinal, an XII (15 avril 1804), précitée.
2. *Id.*
3. Tombe, *op. cit.*, t. I, p. 199.
4. Bonnefoux, *Mémoires*, p. 127.
5. Bonnefoux, *Mémoires*, p. 128.

mon aide de camp [1]. » Celui-ci s'informant du convoi, on lui fit le récit de la rencontre. Linois lui annonça qu'il irait saluer le capitaine général, aussitôt ses bâtiments en sûreté. « Je fus, continue Decaen, vivement peiné d'un résultat aussi honteux, précédé de tant de lenteur, d'incertitude, et surtout de l'attaque du convoi, faite avec si peu de résolution et tant de mollesse [2]. » La blessure portée à son patriotisme, l'échec de ses espérances, son antipathie contre son rival, sa rancune contre l'indépendance gardée par celui-ci provoquaient chez lui une irritation violente. Linois qui, par quelques mots de Decaen à son adjudant de division, avait pu prévoir ce qui allait se passer, se présenta, le lendemain, 12 germinal (2 avril), chez le capitaine général, entouré de ses officiers, froid, correct, maître de lui, mais prêt pour la bataille. Decaen nous a retracé la scène. « Je revins au salon avec l'intention de faire paraître, le moins possible, le chagrin que m'avait fait éprouver tout ce que j'avais su au sujet de la rencontre du convoi de Chine ; en entrant dans le salon, j'avais même cherché à éluder d'abord tout entretien avec le contre-amiral en saluant, tour à tour, les officiers que je connaissais et cela, comme moyen de calmer la vive agitation que j'éprouvais. Le contre-amiral fut bientôt près de moi, son air fort enjoué, et m'aborda de ces paroles : « Eh bien ! mon cher « général quelles nouvelles avez-vous à m'apprendre ? » ; elles produisirent un tel effet sur moi que je lui répondis : « Général, il n'y « en a pas d'autres que celle de votre retour, inattendu, qui m'a fort « étonné. » Alors, en présence de leurs officiers attentifs, muets et impassibles dans leur discipline, Decaen, avec toute la violence de son caractère, Linois, avec un calme difficilement maintenu et une hauteur glaciale, entamèrent un dialogue, haché d'interruptions, agressif jusqu'à l'outrage. Decaen posant des questions, « avec une hauteur, nous dit Linois, que je n'ai pu, ni dû supporter patiemment » [3]. Celui-ci opposa l'honneur qu'il avait procuré au pavillon et le trésor de cent trente mille piastres conquis pour la colonie, ce qui lui amena cette insultante riposte : « Votre trésor est l'objet le moins susceptible de mon attention ; quant à l'honneur de votre

1. DECAEN, *op. cit.*, PD., t. XI.
2. *Id.*
3. Linois à Decrès, 20 floréal, an XII (10 mai 1804), AM., BB4 208.

pavillon, j'y attache un bien plus haut intérêt ; mais le gouvernement de la République jugera le degré d'honneur que vous avez acquis dans les mers de Chine ! »

Après une pareille scène, il ne pouvait plus y avoir de rapports courtois, ni même corrects, entre Linois et Decaen. Celui-ci, forçant le sens et la pensée de ses instructions, prétendait à l'autorité sur la marine ; l'autre défendait son indépendance. La faute en était à Decrès qui, on se le rappelle, avait adressé à Linois des lettres commentant ses instructions des 3 et 6 ventôse, an XI (22 et 25 février 1803) [1], sans les communiquer à Decaen qui s'appuyait sur son arrêté de nomination et l'ordonnance de 1765. Linois lui envoya la copie des lettres ministérielles, commentaires de ses instructions. Le capitaine général maintint son opinion : des lettres explicatives ne pouvaient, disait-il, prévaloir contre des textes officiels. Il semble que l'ancien clerc de procureur normand, qu'il était en 1792, se fût réveillé en lui : il commentait, discutait, concluait, répliquait sans relâche [2]. Linois demeurait inébranlable.

L'antagonisme de leurs vues éclata dès le jour de la scène que nous avons racontée. Decaen ayant écrit, ce même jour, à l'amiral pour lui rappeler les projets dont il l'avait entretenu dans ses lettres de Batavia des 25 frimaire et 3 nivôse (17 et 25 décembre), il lui demandait ses raisons pour venir, avec un vaisseau, une frégate et une corvette, prendre relâche dans cette colonie dont il connaissait les ressources. « En vous prévenant, Général, que votre séjour ne peut être que très onéreux pour l'administration (le Préfet colonial vous donnera à cet égard une explication positive), et nuisible aux intérêts pour lesquels votre division a été envoyée dans ces mers, je vous invite à me faire connaître, dans le plus bref délai, le motif de votre relâche, puisqu'il est indispensable, en conséquence des intentions du Premier Consul, qu'il soit concerté, sans retard, entre nous pour l'emploi des forces navales, rentrées hier, et sur le moment qu'elles devront prendre leur activité. Si, dans les renseignements que je vous demande, il n'est présenté d'obstacles entièrement majeurs, je pense que vous reprendrez la mer dans deux

1. V. *infrà*, p. 534.
2. Decaen à Linois, 16 germinal et 22 floréal, an XII (6 avril et 12 mai 1804), A.M., BB[4] 208.

jours. Vous arriveriez assez à temps à Sainte-Hélène pour une croisière heureuse[1]. »

Linois lui répondit sèchement qu'il rendrait compte au ministre de ses motifs de relâche et qu'il adhérerait avec plaisir à ses plans, s'ils remplissaient mieux que les siens le but de ses instructions[2]. Decaen interdit, par représailles, le débarquement des équipages. Linois consigna ses marins, mais sollicita le rapport de cette mesure, écrivant à son honneur : « Comme l'humanité me commande, encore plus que mon amour-propre, je vous demande de permettre à des marins fatigués d'aller à terre[3]. »

Decaen insista, à nouveau, sur les motifs de la relâche. « Je ne dois pas cesser d'être persuadé, d'après ce que vous m'avez écrit de Batavia, que ces motifs puissants, dont vous réservez le détail au Ministre, ne sont pas aussi impérieux que vous le faites entrevoir. » Il lui semblait bien extraordinaire, quel que fût le sens de ses instructions, que, commandant les forces navales, l'amiral n'ait pas cru devoir lui demander d'explications sur l'utilité de la croisière de Sainte-Hélène, et bien déplacé de garder le silence vis-à-vis des administrateurs de la colonie qui connaissaient ses ressources et sans lesquelles il ne pouvait élaborer aucun plan[4].

A cette semonce ironique, Linois répondit sur le même ton : « Les motifs de ma rentrée vous sont connus. J'ai eu l'honneur de vous le dire en vous faisant une visite avec le corps d'officiers : des réparations indispensables et la santé de mes équipages. Le détail des réparations que je dois faire au ministre marin est un langage qu'il peut entendre. Ici, il ne peut appartenir qu'à moi de juger si les motifs de ma relâche sont suffisants. J'ai cru superflu et prématuré, citoyen général, de discuter aucun plan de campagne : il faut que les bâtiments soient en état[5]. »

Le bruit de cette discorde s'était répandu dans la colonie ; des propos malveillants circulaient sur la marine et son chef qui avaient trompé moins peut-être les espérances patriotiques que les combinaisons des agioteurs. L'esprit de corps partageait le monde mili-

1. Decaen à Linois, 12 germinal, an XII (2 avril 1804), AM., BB4 208.
2. Linois à Decaen, 13 germinal, an XII (3 avril 1804), *ibid.*
3. Linois à Decaen, 14 germinal, an XII (4 avril 1804), *ibid.*
4. Decaen à Linois, 14 germinal, an XII (4 avril 1804), AM., BB4 208.
5. Linois à Decaen, 15 germinal, an XII (5 avril 1804), *ibid.*

taire en marins et soldats; des partis se formaient dans la population; Léger, voyant le danger, intervint. Il s'entremit, prêchant non une réconciliation impossible, mais l'entente. Il pressait les deux adversaires, pour qu'ils aient une conférence. « Laissez apercevoir, disait-il à Linois, que vous êtes disposé et tout rentrera dans la position que nous devons tous désirer[1]. » Linois fit les premiers pas, et écrivit à Decaen pour lui demander une conférence. Le refus de procéder aux réparations de ses navires, signifié par le capitaine de port Duplessis, sur l'ordre de Decaen, fut, il le reconnaît, un des motifs de sa démarche conciliante, autant que son désir d'apaisement.

Avant de parler de leurs conférences et de leurs plans, faisons connaître l'épilogue des luttes de Decaen et de Linois. Celui-ci, sinon sollicité ; du moins inspiré par lui[2], se résolut, on le sait, à envoyer son capitaine de pavillon, Delarue, présenter ses justifications au Premier Consul, défendre son honneur et celui de sa division. Il devait, enfin, déclarer qu'il n'était plus permis au contre-amiral Linois, dont on a méconnu le caractère, l'autorité et l'indépendance, de fréquenter le port de l'île de France s'il ne recevait du gouvernement une réparation authentique des griefs dont est coupable le chef actuel qui commande[3]. » Delarue, mal accueilli, on l'a vu, échoua dans sa mission.

Decaen apprit ce départ tenu presque secret : il n'entendit pas être sacrifié, et ordonna à son aide de camp Lefèvre de s'embarquer également sur *le Berceau*. Léger, pour éviter un nouveau choc, avertit Linois qui autorisa Halgan à le recevoir à son bord. *Le Berceau* prit la mer le 1er prairial (21 mai). Les instructions données à Lefèvre sont intéressantes ; elles nous dévoilent la pensée intime de Decaen, et le but qu'il poursuivait. Quand nous parlions de procédés perfides, on va pouvoir apprécier si nous faisions tort au soldat qui, quand il n'était pas inspiré par son antipathie, présentait de si beaux côtés.

Voici ces instructions : « Les actions, les intentions, les petitesses du c.-a. Linois, son amour pour l'argent... doivent être exposées dans tout leur jour sans qu'on puisse apercevoir, dans la manière de

1. Léger à Linois, 16 germinal, an XII (6 avril 1804), *ibid.*
2. Decaen à Decrès, 22 brumaire, an XIII (13 novembre 1804), AC. 103.
3. DELARUE, *Précis historique de la campagne...*, précité.

les raconter, la moindre chose capable de faire naître la prévention qu'on parle de cette affaire sous d'autres rapports que celui de l'intérêt de la chose publique ; car, à cet égard, je n'ai point d'autre sentiment que celui de placer le contre-amiral ou de le faire placer au rang qu'il doit, dans l'ordre de choses, occuper... » ; puis, plus loin : « Il faudra même lui suggérer (au Premier Consul) combien il est important que le capitaine général soit chargé de diriger, avec une autorité tout entière, les forces navales... ; pendant la traversée, s'attacher à bien vivre avec le capitaine du *Berceau*... Il faut pénétrer, s'il est possible, ce que peut être le rapport du contre-amiral Linois... Il faut, à l'égard (de l'affaire Gosson), faire ressortir le défaut de prévoyance du contre-amiral ; ne pas oublier l'affaire de Bencoolen, dans le rapport de laquelle il déclare que, quoi qu'il en puisse faire, il ne veut pas faire de mal [1]. »

Si l'on ajoute qu'auparavant l'aide de camp Barrois avait eu mission, aussi, de solliciter la subordination de l'amiral au capitaine général, on voit que Decaen, sans nier qu'il ne fût inspiré par d'autres motifs élevés, intérêt patriotique, etc., avait pour but d'assurer son omnipotence, en satisfaisant ses rancunes.

Tous ces débats, ces petitesses, ces procédés allèrent à l'encontre des espérances de leurs auteurs. Ils provoquèrent ce jugement dédaigneux de l'empereur à Decrès : « Je vous renvoie vos lettres de l'île de France. Je n'y vois que des discussions, assez peu modestes, entre Linois, qui est un homme médiocre, et Decaen, homme ardent et fougueux, qui ne connaît de manière de se... (mot illisible) que la force. Dans cette situation de choses, vous devez modérer un peu le général. Écrivez à Linois qu'un peu plus de zèle, d'activité, de hardiesse à la mer, doit être l'esprit d'une croisière, comme celle de l'Inde [2]. »

VII

La première conférence se tint le 1er germinal (8 avril) : ce qu'y fut la discussion, ainsi que dans les suivantes, on peut le penser. Linois, du reste, nous l'apprend. « Chaque fois que je veux concerter mes opérations, la discussion l'irrite et l'homme de mer, plus

1. *Nouvelle Revue rétrospective*, 2e *série*, *1903*, p. 383-384, *Missions de Lefèvre*.
2. Napoléon à Decrès, Pavie, 18 floréal, an XIII (8 mai 1805), *Corresp. Nap.*, t. XI.

au courant que lui, sans doute, de ces sortes de matières, est obligé de lutter sans cesse, contre ses fougueux écarts et les projets inacceptables qu'il conçoit [1]. »

Decaen proposa, tout d'abord, d'aller croiser sous Sainte-Hélène où, d'après ses renseignements, la division rencontrerait probablement e convoi de Chine [2] et, sûrement, celui du Bengale escorté jusqu'à l'équateur par une frégate. Linois déclara qu'ayant cent quinze malades et des réparations, il ne pouvait repartir tout de suite, que, si, avec des forces plus considérables, le plan proposé offrait de grands avantages, il craignait, n'ayant pas ses deux plus fortes frégates, d'aller sous Sainte-Hélène où il conjecturait rencontrer des forces supérieures, d'autant qu'avec sa marche peu avantageuse *le Marengo* compromettait la division. Il remarqua qu'il ne commandait pas dans ces mers [3]. Decaen insista : l'amiral pourrait prendre un des vaisseaux de Dekker, dont il lui indiquerait le lieu de croisière, puis il reviendrait plus tard à l'île de France, alternant ses relâches, à Batavia et au Cap, pour ménager les ressources de la colonie [4]. On peut se demander si Decaen était bien sincère en comptant sur la coopération des Hollandais. Linois savait quel cas il fallait en faire. Il déclara qu'il renverrait *le Marengo* en France où, réparé, il pourrait prendre rang dans ses forces navales et lui rendre « un état-major précieux au moment où elle devait rallier, autour de son pavillon, le peu de marins qui lui restaient ».

Linois s'était tu sur ses projets. Decaen s'en plaignit et une nouvelle conférence eut lieu, le 1er floréal (21 avril) ; le départ du *Marengo* fut maintenu.

Decaen pensait avec raison qu'un vaisseau et six cents hommes, au cas où ils pourraient regagner la France ne changeraient rien à nos forces ; en revanche, il y avait là, pour la colonie, une ressource en hommes précieuse au moment où, vainqueurs en Indoustan, les Anglais pouvaient agir contre notre colonie. La plupart des corsaires de l'île avaient été pris ; il ne restait donc que les frégates pour arracher à l'ennemi des ressources ; il faudrait leur fournir des

1. Linois à Decrès, 20 floréal, an XII (10 mai 1804), précitée.
2. Il fut rencontré au large du Fort-Dauphin (Madagascar), à la fin de mars : v. rapport de Lefèvre, AN, AFIV, 1211.
3. Linois à Decaen, 21 floréal, an XII (11 mai 1804), AM., BB4 208.
4. Decaen à Decrès, 25 floréal, an XII (15 mai 1804), AC., 103.

marins : or « les deux colonies étaient épuisées de cette classe d'hommes ». L'équipage du *Marengo*, désarmé, servirait de dépôt. On pourrait, enfin, armer une ou deux prises pour employer ces matelots « d'une façon convenable au service pour lequel ils étaient destinés[1] ».

Ces propositions étaient trop sérieuses pour leur opposer un simple refus. La colonie, au temps de la Révolution, était moins bien défendue, et les Anglais n'avaient pas osé l'attaquer, objectait Linois ; à cet argument spécieux, il en ajoutait d'autres, plus importants. « Si, disait-il, la majeure partie des hommes doivent être expédiés en course, votre but sera manqué et nos marins ne tarderont pas à grossir le nombre de ceux dont nos corsaires ont déjà rempli les prisons de l'Inde. Si, au contraire, vous les conservez à terre, pouvez-vous vous flatter que ces hommes, élevés dès leur enfance au métier de marin, ne fuiront pas vos casernes de terre et de mer et ne chercheront pas par tous les moyens possibles à se soustraire à un nouvel état que vous voulez bien leur faire embrasser contre leur inclination et des habitudes devenues une seconde nature[2]. » Il était prêt à accepter, mais il laisserait la responsabilité à Decaen, l'avertissant qu'il ferait connaître ses raisons au ministre et que le vaisseau devrait rester toujours prêt à sortir. S'il eût accepté le plan de Decaen, il aurait été, pour ainsi dire, démonté de son commandement et serait demeuré inactif dans la colonie, sous la coupe du général, idée qui devait lui être un vrai cauchemar. Il l'a confessé d'ailleurs en marge de son registre de dépêches où il a écrit : « Je voulais me ménager tous les moyens de sortir pour, si l'ennemi paraissait devant le port, aller combattre ou, enfin, pour me soustraire à l'autorité que le capitaine général voudrait usurper[3]. » Le 24 floréal (14), dans une dernière conférence, Decaen reprit son argumentation que Léger appuya ; Linois accéda à leur plan, mais le maintien du *Marengo* en activité fut décidé. En sortant de cette conférence, Decaen éprouva, sans doute, une douce satisfaction. Il avait mis le marin en mauvaise posture, l'acculant à une solution contradictoire avec ses précédentes affirmations. Linois repartait avec un

1. Decaen à Linois, 18 floréal, an XII (8 mai 1804), AM., BB^4, 208.
2. Linois à Decaen, 21 floréal, an XII (11 mai 1804), précitée.
3. *Id.*, en marge.

vaisseau qu'il avait déclaré impropre à faire campagne, et cela sur sa demande. Il dut, peut-être, s'apercevoir déjà qu'il s'était trop fié à son capitaine de pavillon, Delarue, qu'il dépeindra bien des années après, dans l'amertume des souvenirs du passé, comme « un homme d'humeur turbulente et tracassière, fort empressé de retourner, en Europe, pour voir sa jeune femme, du reste, marin médiocre [1] ».

Linois, dans ses dépêches au ministre, insinuait que Decaen n'avait eu qu'un but : « empêcher la rentrée en France d'un vaisseau sur lequel son pavillon avait toujours flotté avec honneur ». « Je vais me porter dans les parages où je pourrai trouver constamment des brises assez fraîches pour profiter de l'avantage du vaisseau quand il a du vent; je ne puis cependant vous dissimuler mes inquiétudes qu'il ne soit plus susceptible d'opérer son retour en Europe, en prolongeant son séjour dans ces mers; dans ce cas, je désarmerai et répartirai l'équipage sur les frégates de la division ; cependant, si vous me faites parvenir de suite vos ordres sur sa destination, il sera peut-être encore temps de l'expédier pour la France [2]. » Dans cette dernière phrase, on sent l'espoir d'un rappel.

La Belle Poule et *l'Atalante* étaient rentrées, après avoir fait une prise importante, *l'Althea*. Linois divulgua alors ses projets. Il irait visiter le canal de Mozambique, puis, remontant vers le nord, il s'établirait en croisière de façon à intercepter le commerce entre Bombay, la mer Rouge et le golfe Persique. *La Belle Poule*, qui avait besoin de réparations, le rallierait à l'ouest des Maldives. Le capitaine général, d'accord avec lui, venait d'acquérir un joli bâtiment, *la Psyché*; ses dimensions et ses qualités permettaient de le transformer en une frégate dont le commandement fut confié au capitaine de vaisseau Bergeret [3]. Celui-ci reçut la mission d'aller croiser sous Ceylan où la division le rejoindrait. Elle ferait alors une apparition sur les côtes du Bengale, avant son retour à l'île de France [4]. Ainsi, Linois revenait à ses anciens projets de

1. Saint-Elme-Le-Duc à Linois, 6 décembre 1841, BN., *Mss.* 2, p. 492.
2. Linois à Decrès, 27 floréal, an XII (17 mai 1804), AM., BB[4] 208.
3. Bergeret, né à Bayonne le 5 mai 1771, mort à Paris en 1857 ; vice-amiral, sénateur (1852).
4. Decaen à Decrès, 22 brumaire, an XIII (13 novembre 1804), précitée.

croiser dans les mers de l'Inde, projets auxquels il avait renoncé pour les raisons que nous savons, et semblant se mettre en contradiction avec lui-même. Il est vrai qu'il pouvait objecter que, le but et les circonstances de cette croisière différant, il avait seulement l'apparence contre lui. L'effet ne pouvait cependant que lui être défavorable.

Decaen et Léger unirent leurs efforts et, grâce à eux, Linois put appareiller, le 1er messidor (20 juin), avec *le Mareno*, l'*Atalante*, et *la Sémillante*, ayant six mois de vivres [1]. Il croisa à l'entrée du canal de Mozambique où il éprouva de fort mauvais temps. Soucieux de ses équipages, il résolut de se rendre à la baie de Saint-Augustin, lieu fréquenté par les navires anglais, où il pourrait, à défaut de prises, procurer des vivres frais à ses équipages, de la viande fraîche principalement, dont ils étaient privés depuis la relâche de Batavia. On peut juger, par ce fait, des ressources qu'offrait l'île de France quand nos navires y rentraient pour refaire leurs équipages épuisés. Linois employa les derniers mois de la mousson du sud-ouest à remonter vers l'Inde, croisant en vue d'Anjouan et des Comores, sur le chemin des bâtiments qui vont dans l'Inde à cette saison.

La fortune sembla enfin sourire à nos marins : le 30 thermidor (18 août), « à l'ouest du canal des Nœufs », deux bâtiments de commerce, *la Charlotte* et *l'Upton Castle* tombèrent en leur pouvoir. La division alla ensuite croiser au sud-est de Ceylan où l'amiral espérait rencontrer ses frégates. Par une fatalité rare, la montre marine de *la Belle-Poule* s'était dérangée : il en résulta une erreur de longitude qui porta la frégate à quatre-vingts lieues de Ceylan. Quand Bruillac eut regagné le lieu de sa croisière, la division était passée et s'était éloignée de ces parages, durs à tenir [2].

Après avoir visité la rade de Masulipatam, sous pavillon anglais, longé la côte de Golconde, Linois se présentait, le premier jour complémentaire de l'an XI (18 septembre), devant la rade de Vizigapatam [3]. Trois navires s'y trouvaient : *la Princesse Charlotte*, *le*

1. V. sur cette croisière : Le rapport de Linois sur la seconde croisière de la division, 3 nivôse, an XIII (24 décembre 1804), A. M., BB4, 208 ; Kermel, *Journal historique de la campagne de l'Inde, depuis l'an XI jusqu'à l'année XIV (1803-1806)*, publié par M. Dast de Boiville.

2. Bonnefoux, *Mémoires*, p. 138.

3. V. sur le combat de Vizigapatam : Le rapport du colonel Campbell, reproduit par le *Moniteur Universel*, n° *191*, du 14 germinal, an XIII (4 avril 1805) ; *Gazette*

Barnabé et *le Centurion*, vaisseau de 50 canons. Nos bâtiments avaient été aperçus de terre et, malgré le pavillon anglais, arboré par eux, leur nationalité fut reconnue. Mais la quiétude était alors si complète sur cette côte que le commandant du *Centurion*, James Lind, était à terre ; le lieutenant James Philipps s'apprêta au combat. *L'Atalante*, qui était en tête, force de voiles vient à une demi-encablure sur l'avant du *Centurion*, lui envoie sa volée, lui passe hardiment à terre, le contourne tout en le combattant. L'audace de Gaudin-Beauchêne et son habileté de manœuvres enthousiasment les équipages : amiral, officiers et marins l'acclament, poussant, par trois fois, le cri de : « Vive Beauchêne ! » [1]. *La Sémillante* passe à l'arrière du vaisseau, rejoint *l'Atalante*, puis l'une et l'autre, affalées par le vent, tiennent le plus près, pour s'élever à nouveau. *La Princesse-Charlotte*, dès l'attaque, amène son pavillon, attendant pacifiquement l'issue d'un combat dont elle va être le prix. James Philipps aime mieux perdre son vaisseau que de le rendre, il coupe ses câbles. *Le Barnabé* l'imite et va se briser sur des récifs.

A terre, la surprise est complète ; la panique s'en mêle et, tandis que le colonel Campbell amène quatre pièces de douze sur le rivage pour soutenir *le Centurion*, le résident commercial sauve le trésor de la factorerie. *Le Marengo* entre en action ; la canonnade dure trente minutes, mais Linois s'aperçoit que son vaisseau touche ; il reprend le large, croyant d'ailleurs que le vaisseau anglais a amené.

Grande fut sa surprise, la brume et la fumée s'étant dissipées, lorsqu'il vit *le Centurion* occupé à s'embosser. Mouillé à la barre, le vaisseau, au lieu de s'échouer, avait été soulevé par le ressac et porté au delà du banc où il eût dû se briser. Son commandant le rejoignait à ce moment et le fit mouiller. *La Princesse-Charlotte* avait été, pendant ce temps, amarrinée.

Linois décide alors une seconde attaque ; il se rapproche, « mais le tirant d'eau d'un 74 devient inquiétant quand la sonde ne rapporte

extraordinaire de Madras, du 26 septembre 1804 ; les documents français sur la deuxième croisière ; W. James, *op. cit.*, t. III, p. 278-279 ; Brenton, *The naval history of Great Britain*, t. II, p. 9.

1. Bonnefoux, *Note sur la fixation de l'effectif naval en France*, dans les *Nouvelles annales de la marine et des colonies*, t. 63, 1851 ; du même, *Manœuvrier complet*, p. 365. La manœuvre de Gaudin-Beauchêne y est décrite tout au long. Elle n'intéresserait pas le lecteur profane ni peut-être même les gens de métier : le temps des frégates et des fins manœuvriers est passé.

plus que six ou sept brasses, quand on voit le fond monter rapidement [1] » ; aussi mouille-t-il *le Marengo*. Pendant une heure la lutte se soutient à longue distance ; la houle ou les courants font embarder par moments le vaisseau, empêchant de diriger utilement ses canons. *L'Atalante* attaque l'ennemi par l'arrière. Linois juge qu'à pareille distance le combat est sans issue. Les frégates, tirant moins d'eau, auraient pu combattre de plus près, mais le vaisseau est mouillé à terre, protégé par des batteries ; Linois quelle que soit son opiniâtreté, n'est pas un casse-cou ; il a appris qu'il y avait des forces importantes dans ces parages ; une avarie pourrait être fatale ; il ne veut pas jouer le sort de sa division contre celui du vaisseau : il s'éloigne lentement. *Le Marengo*, quoi qu'on ait pu écrire sur la faiblesse de l'artillerie de son adversaire, avait des boulets dans sa coque, des avaries de mâture, une caronade démontée. Il comptait deux morts et un blessé, l'enseigne Poterel ; *l'Atalante*, deux tués et des blessés. *Le Centurion* avait eu son grément haché et huit blessés.

Linois reprit le chemin de l'île de France ; la chance semblait lui sourire dans cette croisière, car il captura deux bâtiments : *le Hope*, le 22 vendémiaire, an XIII (14 octobre), avec la correspondance du gouvernement de l'Inde et *la Perle*, le 1er brumaire (23 octobre), avec un chargement, bien précieux pour lui, de cordages et de toile à voile [2].

Dans la nuit du 8 au 9 brumaire (30 au 31 octobre), il se trouvait en vue de l'île quand des fusées l'avertirent que des forces ennemies bloquaient le « Port-Nord-Ouest ». Rainier avait détaché deux vaisseaux, *le Tremendous* et *le Lancaster*, et deux frégates devant l'île, tandis que le reste de ses forces était employé à protéger le commerce britannique. Decaen le remarquait avec tristesse. Il ne pouvait supposer que « l'amiral Rainier se fût permis de diviser ses forces, pour les exposer et lui-même à des chances dont le résultat pouvait porter des coups marqués aux forces navales de l'Angleterre, si les forces bâtaves se fussent réunies aux nôtres ; mais leur emploi était connu [3]. »

1. Jurien de la Gravière, *op. cit.*, p. 51.
2. Rapport de Linois, précité.
3. Decaen à Siberg, 5 brumaire, an XIII (27 octobre 1804), A. C., 103.

La Sémillante reçut l'ordre d'éclairer la marche ; elle devait rallier la division avec *la Belle-Poule*, arrivée le 7 brumaire (29 octobre), si l'ennemi n'était pas en force ; dans le cas contraire, *le Marengo* et *l'Atalante* rejoindraient les deux frégates au Port-Sud-Est. Ce fut donc dans ce port que Linois dut se réfugier, l'ennemi étant en forces. *Le Marengo* s'échoua, par la faute du pilote : « dans une passe, écrivait l'amiral à Decaen, que je ne connaissais pas, mais qui est fort large et par un temps superbe [1] ».

Ainsi s'évanouit le plan formé par Decaen : Linois venant surprendre les navires qui assuraient le blocus [2]. Les forces anglaises s'éloignèrent, ayant échoué dans leur dessein d'empêcher nos bâtiments de se réfugier à l'île de France. Le 22 brumaire (13 novembre), Linois mouillait au « Port-Nord-Ouest ».

VIII

Au retour de cette deuxième croisière, les rapports parurent bons entre Decaen et Linois quand, le 29 brumaire, un événement fâcheux vint troubler définitivement l'harmonie renaissante [3].

Decaen avait prescrit qu'un des officiers visiterait tout navire arrivant, tant pour s'assurer de l'état sanitaire que pour se faire remettre les papiers du bord, les journaux et lettres privées. La sécurité de la colonie lui commandait ces mesures. Linois, ayant envoyé chercher ses dépêches à bord d'un navire hambourgeois, le capitaine Barry refusa, au nom du gouverneur, de les remettre. Linois n'hésita pas ; il informa le capitaine général qu'il allait faire attaquer l'embarcation de son officier et, en fait, celui-ci fut arrêté par un canot de l'amiral. Il s'ensuivit une polémique assez vive ; puis l'entente se rétablit, en apparence. Linois allait être obligé de faire un long séjour à terre et ce fut peut-être, la raison de sa modération [4].

Le Marengo, par suite de son échouage, avait de graves avaries qui allaient nécessiter plusieurs semaines de travail. Decaen soulignait malicieusement « qu'il avait la satisfaction d'entendre dire le

1. Linois à Decaen, 10 brumaire, an XIII (1er novembre 1804), *ibid.*
2. Decaen à Linois, 9 brumaire, an XIII (31 octobre 1804); *ibid.*, du même à Decrès 22 brumaire, an XIII (13 novembre), précitée.
3. Decaen à Decrès, 6 ventôse, an XIV (25 février 1805). A. M., BB4, 252.
4. Linois à Decaen, 3 frimaire, an XIII (24 novembre), *ibid.*

contraire de ce qu'on avait dit, il y a six mois [1] », qu'une fois radoubé, le vaisseau pourrait faire un excellent service.

La Psyché, *l'Atalante* et *la Belle-Poule* furent envoyées en croisière : la première succomba dans un combat mémorable [2], les deux autres rentrèrent après une campagne infructueuse. *La Sémillante* fut envoyée à Manille pour prévenir le gouverneur de la rupture entre l'Espagne et l'Angleterre ; elle ne rallia jamais Linois.

Six mois s'écoulèrent avant que Linois pût reprendre la mer pour sa dernière croisière. Decaen [3] accusait son formalisme de tout compliquer en exigeant que l'armement se fît comme en France et de tout retarder en ne présentant que successivement ses demandes [4]. Ces plaintes nous les avons déjà entendues ; nous ne nous y arrêterons pas. Elles s'expliquent par les difficultés rencontrées. *Le Marengo* et *la Sémillante* avaient absorbé toute la voilure et les cordages envoyés de France. Pour *la Belle-Poule* et *l'Atalante*, il fallait s'adresser au commerce qu'on payait en lettres de change sur la métropole, avec un agio de vingt-cinq pour cent. La division avait de nombreux vides à combler dans ses équipages ; il fut décidé que *le Marengo* et *la Belle-Poule* partiraient les premiers, en prenant des matelots à *l'Atalante* et que celle-ci rejoindrait plus tard.

Le 2 prairial, an XII (22 mai 1805), Linois repartait [5], il était déjà dans les passes, quand il écrivit le 1er prairial (21 mars) à Decaen pour l'informer qu'il se voyait obligé de modifier le plan de campagne arrêté entre eux. Le projet de relâche à Manille étant connu par suite d'une indiscrétion, il ne lui paraissait pas convenable ni prudent de s'y rendre. On conçoit quelle fut la colère de Decaen de voir ainsi l'amiral affirmer son indépendance. Il lui riposta que la publicité donnée au plan de campagne ne provenait que de lui ou des siens, et qu'il lui paraissait étrange de changer ainsi des projets connus du ministre. De Mahé où il s'était rendu, Linois lui répondit une lettre extrêmement violente ; il l'invitait à lui présenter ses observations de vive voix, car il aurait alors le moyen de répri-

1. Decaen à Decrès, 24 brumaire, an XIII (15 novembre), A. C. 103.
2. V. : A. Auzoux, *Prise de* la Psyché *par les Anglais*, dans la *Revue des Études historiques*, juillet-août 1900.
3. Decaen à Decrès, 5 thermidor, an XIII (24 juillet 1805), A. C., 107.
4. Léger à Decrès, 27 germinal, an XIII (17 avril 1805), A. C., 109.
5. Rapport de Linois sur la troisième croisière, AM., BB4 239

mer ses écarts; il l'assurait que, tant qu'il commanderait à l'île de France, il n'y reviendrait que contraint et forcé [1].

La division, si on peut nommer ainsi les deux navires qui, seuls, composaient les forces aux ordres de l'amiral, appareillait, quand un tumulte grandissant s'éleva à bord de *la Belle-Poule*; son équipage refusait d'exécuter les ordres si les parts de prises, légitimement gagnées du reste, mais injustement retenues dans la colonie, n'étaient pas distribuées. Les querelles entre les grands chefs, les propos malveillants circulant dans la colonie, tout cela avait été exploité par des meneurs pendant les semaines où, demeurés à terre, les matelots déambulaient dans les rues et les bouges du « Port-Nord-Ouest ». On voit si Linois n'avait pas raison et n'était pas guidé par un autre sentiment que celui de l'intérêt personnel quand il se montrait si attentif à faire respecter les droits de ses hommes, et combien cette façon de faire la guerre détruisait l'esprit militaire. Les officiers furent admirables. Bruillac, le sabre au poing, s'élança sur les mutins. « Obéissez, cria-t-il, ou je n'épargne personne, vous me jetteriez à la mer cent fois avant que je reculasse devant la révolte. » L'ordre se rétablit; un conseil de guerre frappa les plus coupables de peines qui furent largement atténuées [2].

On mouilla le 10 prairial (3 mai) à Mahé (îles Seychelles) [3]. C'était alors une possession française. Un navire anglais y passait-il ? une capitulation de la colonie, sans forces militaires, était signée et le pavillon français amené, jusqu'au jour où un navire français s'y présentait et en reprenait possession d'une façon aussi peu sanglante. Un vieux gentilhomme français M. de Quincy en était le gouverneur; il avait reçu ses pouvoirs de Louis XVI et continuait à les exercer au nom des différents régimes que la mère patrie s'était donnés, comme aussi pendant les périodes où il était contraint de respecter une capitulation signée avec un navire anglais. La dernière était assez récente; Decaen ne la regardait pas comme régulière. Linois devait donc, non pas reprendre possession de l'île, mais y faire rehisser le pavillon français et avertir le gouverneur

1. Decaen à Decrès, 5 thermidor, an XIII, 24 juillet 1805 et 20 frimaire an XIV (décembre 1805); AC. 107; Linois à Decaen, 15 prairial, an XIII (4 juin 1805), *ibid.*

2. Bonnefoux. *Mémoires*, p. 158.

3. Linois à Decaen, 13 prairial, an XIII (2 juin 1805). AC., 107.

que sa conduite n'avait pas été approuvée [1]. Ce brave homme vint à bord du *Marengo* ; ses manières d'ancien régime, son costume suranné ne soulevèrent aucun sourire, en raison de l'émotion qu'il, manifestait à la vue de compatriotes. C'étaient l'ancienne et la nouvelle France réconciliées dans un même sentiment de patriotisme [2].

La croisière continua sans incident, monotone et fatigante. En vain, les vigies interrogeaient-elles l'horizon, aucune voile n'y montrait sa blancheur. C'est qu'à Rainier avait succédé sir Pellew, et qu'avec ce nouveau chef de nouvelles méthodes navales entraient en exécution. Pour contrebattre les effets de la guerre de croiseurs, il emploie la méthode des convois escortés par la marine de guerre. Les chambres d'assurances le secondent en ne signant plus de polices que pour les navires convoyés. Il n'y en a donc plus qu'un nombre restreint qui se risquent à naviguer seuls : d'où la solitude de l'Océan. Auprès des côtes, le gibier peut encore se trouver, c'est ce qui arrive à Linois. Il avait visité les Comores, l'entrée de la mer Rouge, la côte du Malabar devant Surate et Bombay, les abords des Maldives et des Laquedives sans rien voir lorsque, le 22 messidor (11 juillet), dans les parages de Trinquemalé, au nord-est de Ceylan, on aperçut deux voiles. *La Belle-Poule* leur appuya la chasse ; elles étaient près de la côte et il fallait les en couper. Bruillac, malgré les signaux réitérés de l'amiral, voulut manœuvrer à sa guise ; l'un des bâtiments s'échoua ; l'autre allait nous échapper quand une bordée de *la Belle-Poule*, tirée à toute volée, le fit amener [3].

C'était *le Brunswick*, vaisseau de compagnie. On lui donna un équipage de prise, sous les ordres du lieutenant Kerdren, et on l'expédia lui donnant comme points de rendez-vous Fort-Dauphin (Madagascar) et False-bay. Nos deux vaisseaux continuèrent leur croisière à l'ouverture de la mer de l'Inde qu'ils traversèrent dans le voisinage de Sumatra, Java, poussant jusque vers la Nouvelle-Hollande (Australie).

1. Decaen à Linois. 28 floréal, an XIII (18 mai 1805), AC., 107, et Linois à Decaen, 13 prairial (2 juin 1805), précitée ; PRENTOUT, *op. cit.*, p. 325.
2. BONNEFOUX, *Mémoires*, p. 159.
3. Rapport de Linois sur la troisième croisière, précitée ; KERMEL, *Journal historique*, etc., précité ; BONNEFOUX, *Mémoires*, 165 ; LAUGTHON, *The naval miscellany*, t. I, p. 356 et suiv., *Journal de Thomas Addison*.

On était dans les environs du tropique, et Linois venait de mettre le cap à l'ouest; le temps était brumeux et la brise fraîche; subitement, le 18 thermidor (6 août), nos deux vaisseaux se trouvèrent en présence d'un convoi de onze bâtiments, portant trois mille hommes de troupes aux Indes. La surprise de ces derniers est complète; Linois s'en aperçoit au décousu de leurs manœuvres et de leur feu. Il laisse arriver dessus et les engage à portée de pistolet. Notre artillerie faisait voler en éclats les boiseries et ornements de ces bateaux, mettait en lambeaux voiles et manœuvres. L'ennemi répondait par un feu terrible de mousqueterie, mais ses canons ne paraissaient pas très bien servis. L'encombrement des navires anglais, en hommes et marchandises, nuisait à leur défense et rendait notre feu meurtrier. Tout pliait et semblait fuir; quand, du vide formé au centre de la ligne, surgit un beau vaisseau anglais de 74. C'est *le Blenheim*, portant le pavillon de l'amiral sir Thomas Troubridge. A la vue de ce véritable adversaire, *la Belle-Poule* et *le Marengo* concentrent sur lui leurs feux. A cause de la brise qui soufflait, *le Blenheim* n'avait pu ouvrir sa batterie basse; il n'avait donc qu'une batterie de dix-huit à nous opposer; *la Belle-Poule* le canonnait dans une position avantageuse; Linois jugea la partie trop inégale: après avoir signalé à la frégate de le rejoindre, il longea le convoi, échangeant des bordées avec les navires et s'éloigna [1].

Il arriva vers les derniers jours de septembre au Cap, prenant son mouillage à False-bay. Il y apprit que la prise *le Brunswick* s'y était perdu le deuxième jour complémentaire de l'an XIII (19 septembre 1805). Il n'était pas au bout de ses malheurs. Le 12 brumaire (3 novembre), il s'était rendu à terre pour les affaires de sa division; la mer grossissant et le vent soufflant en tempête, il embarqua à six heures pour rejoindre *le Marengo* mais, après des efforts inutiles, il fut forcé de revenir à terre d'où il assista avec angoisse à la lutte de ses navires: *le Marengo* tenait ferme; *la Belle-Poule* chassait et n'était sauvée que par son ancre de fortune; plus malheureux était le sort de *l'Atalante* dont un navire américain, à la dérive, rompit les câbles: elle fit côte en sacrifiant sa mâture[2]. Tant

1. Rapport de Linois sur la troisième croisière, précité: BONNEFOUX, *Mémoires*, p. 166; W. JAMES, *op. cit.*, t. IV, p. 151.
2. Janssens à Decaen, 5 novembre 1805, AC., 110.

de sévérité de la part de la fortune brisa cet homme énergique : « il fut en proie à une attaque nerveuse, bien douloureuse et sérieuse ».

Il quitta le Cap le 18 brumaire (9 novembre) avec *la Belle-Poule* et *le Marengo*; *l'Atalante* devait le rejoindre, si son état le permettait. N'ayant pu se procurer au Cap le cordage et la quantité de pain nécessaires, il avait le projet de suivre la côte d'Angola dans l'espoir de capturer des négriers anglais qui fourniraient à ses besoins. Ses prévisions furent trompées; des corsaires français l'avaient parcourue qui empêchèrent ses spéculations d'approvisionnement de réussir. Il captura seulement deux navires, *la Ressource* et *la Rolla* ; ce dernier enlevé dans la nuit du 7 décembre par un canot de la frégate[1]. Pour donner quelque repos à ses hommes, il alla mouiller à l'île du Prince, le 26 frimaire (17 décembre) ; le climat meurtrier n'y permettait pas un long séjour [2] le 1er nivôse (22 décembre), il quittait l'île où il venait d'apprendre que la guerre continentale était rallumée pour aller croiser sous Sainte-Hélène. On ne devait pas, en raison de son apparition sur des points très éloignés, soupçonner sa présence dans ces parages. Les plans de l'amiral étaient fort bien combinés. Il avait formé le projet de croiser un mois et d'aller ensuite au Cap. Les rations étaient déjà fort réduites, mais aucun murmure ne se faisait entendre. Linois s'était placé sous le vent de l'île, hors de sa vue, sur la route de l'Angleterre et des Antilles. On s'en approchait, parfois, au soleil couchant, lorsque ses rayons l'éclairaient et enveloppant les navires les rendaient invisibles.

Le 9 pluviôse (23 janvier), une voile parut. C'était un bâtiment américain, *le Gange*. Son capitaine déclara qu'il avait aperçu, à Sainte-Hélène, une vingtaine de navires, dont six lui paraissaient vaisseaux de ligne, et communiqua une nouvelle foudroyante pour Linois : celle de la prise du Cap, à la défense duquel les marins de *l'Atalante* avaient contribué vaillamment. Les Anglais savaient sa croisière et attendaient son retour au Cap.

Jamais chef ne connut une situation plus angoissante. Il lui restait cinquante jours de biscuit en réduisant la ration à douze onces (367

1. Linois à sa femme, 1er ventôse, an XIV (20 février). *Revue des Études historiques (juillet-août 1903) : Lettres inédites de l'amiral de Linois*, p. 369 et suivantes.
2. Kermel, *op. cit.*, p. 25.

sion devait être immédiate [1]. Linois pouvait aller à l'île de France, mais, y parvenant sans prises, il devenait une charge, non seulement par le réarmement de ses navires, mais par l'augmentation des bouches. L'île de France pouvait être bloquée : alors, quelle serait sa situation ? arrivant à bout de vivres, il ne pourrait gagner, ni Batavia, ni Manille. Linois songea à Rio-de-Janeiro, mais ses notions sur ce pays lui permettaient de douter de ses ressources, et puis c'était une colonie portugaise : la guerre était rallumée, le Portugal était-il demeuré neutre? Il se décida à se diriger sur la France, non sans inquiétudes sur l'accueil que lui vaudrait cette résolution.

Dans la nuit du 21 au 22 ventôse, an XIV (12 au 13 mars 1806), les deux vaisseaux se trouvant par 26° latitude nord et 32° longitude grammes) par jour ; le reste à l'avenant. Sa mâture était en fort mauvais état. Où aller ? telle était la question à résoudre et la déci- ouest, dans des parages fréquentés par les convois allant aux Indes ou aux Antilles, des navires furent aperçus [2]. Ils couraient à contre-bord de la division ; l'un d'eux passa à très petite distance de nos bâtiments et, virant dans leurs eaux, leur appuya la chasse. Les souvenirs de l'affaire de Pulo-Aor allaient provoquer chez Linois une erreur qui lui devint fatale. Il jugea qu'il avait affaire à un convoi de commerce escorté par un vaisseau de guerre. Il diminua de voilure, ne pouvant se résoudre avec un « vaisseau de 74 et une forte frégate à prendre de suite chasse, craignant de laisser échapper l'occasion de nuire à l'ennemi ». Bruillac ne partagea pas l'illusion de son commandant : il observait à la lunette de nuit le vaisseau et reconnut que c'était un trois-ponts. Il n'était pas d'usage que les navires de commerce soient ainsi escortés. Il passa à tribord du *Marengo* et, hélant l'amiral, lui fit part de sa conviction. Linois persista dans son opinion et annonça qu'il allait se faire chasser jusqu'au jour, pour voir ensuite ce qu'il y aurait à faire. Il suppo-

1. Linois à sa femme, 1er ventôse (20 février), *op.* et *loc. cit.*, précitée. Rapports de Linois à Decrès. En Angleterre, 20 mai 1806. AM., BB⁴ 252.

2. V. sur le dernier combat : premier rapport de Linois. En Angleterre, 20 mai 1806. Rapport de Bruillac. A bord du *Repulse*, 14 mars 1806. AM, BB⁴ 252. Lettres de Linois à sa femme (5 mai 1806), *op.* et *loc. cit.*, p. 376 et suiv. Kermel, *op.* et *loc. cit.*, p. 29 et suiv. Bonnefoux, *Mémoires*, p. 180 et suiv. Raffle, *The naval chronology*, p. 241 ; W. James, *op. cit.*, t. IV, p. 223 et suiv.

l'attention de nos navires pour les en éloigner. « Au point du jour avait-il dit à Bruillac, nous attaquerons le vaisseau qui escorte ces sait que ce bâtiment escortait un convoi et qu'il cherchait à attirer navires ; nous le réduirons et nous nous emparerons du convoi. » Rentrant en France sans ordre, se sachant dans des parages fréquentés par les convois, la crainte de devenir, encore une fois, l'objet de la colère des uns et de la raillerie des autres s'il laissait échapper des bâtiments marchands pesait sur son jugement. Il voulait acquérir une certitude, espérant se dérober s'il avait affaire à trop forte partie. Il ne voulut pas penser à son infériorité de marche. Malheureux dans ses entreprises bien conçues, il s'abandonnait, en fataliste, au destin.

La Belle-Poule n'avait plus sa marche brillante et, bien que *le Marengo* marchât aussi fort mal, il dut diminuer de voilure pour ne pas la devancer.

Le vaisseau qui les chassait était *le London*, de 110 canons, commandant sir Henri Neale. Il faisait partie de l'escadre de l'amira sir John Borlase Warren [1], forte de sept vaisseaux (*London*, *Foudroyant*, *Ramillies*, *le Héro*, *le Namur* et *le Repulse*).

Au point du jour, Linois n'aperçut aucun autre vaisseau que le chasseur qu'on reconnut pour un trois-ponts ; il appréhenda, mais trop tard, que ce bâtiment ne fît partie d'une division. Il parcourut les batteries du *Marengo* non, dit fièrement Kermel, pour recommander le courage, ce n'était pas nécessaire, mais le sang-froid et l'ordre.

A cinq heures vingt minutes, l'ennemi était à portée de voix ; il héla, par trois fois, *le Marengo* ; puis, les deux navires ayant arboré leurs couleurs, le combat s'engagea vivement. *Le London* était supérieur comme force. *La Belle-Poule* s'était portée courageusement au secours de son chef. « Ralliez *le Marengo*, criait avec enthousiasme le brave Bruillac, nous n'y serons pas à temps ! nous n'y serons pas à temps ! » Il se plaça alors sur l'avant du *London* et le battait, sans que l'anglais pût lui faire grand mal.

A six heures et demie, l'ennemi, serrant beaucoup au feu, Vrignaud en fit l'observation à l'amiral ; l'un et l'autre crurent qu'il allait tenter l'abordage et Linois commanda : « Haut les abordages !

1. Warren (Sir John Borlase), 1753-1822. Il fut créé amiral en 1810, et grand-croix de l'ordre du Bain, en 1815.

la barre à bâbord ! » voulant le prévenir et l'aborder lui-même. *Le London* l'évite, leurs vergues se croisent ; en même temps, *le Marengo* disparaît dans un nuage de fumée. Il vient de recevoir à bout portant, la volée de son adversaire ; des débris encombrent le pont ; des tas de corps humains s'agitent dans des flaques de sang ; on n'entend que les gémissements, les cris des blessés et mourants. Les pelotons d'abordage ont été balayés par la bordée ; quatre-vingts marins ont été renversés, d'un seul coup [1]. C'est le résultat d'une tentative qui ne pouvait avoir aucun but : vainqueurs ou vaincus, nous succomberions sous le nombre. Il fallait chercher à fuir ; aussi comprend-on davantage le tir à démâter de nos navires. Linois n'allait pas avoir la consolation de diriger le combat jusqu'au bout. « J'étais, nous dit-il, occupé à retirer un éclat qui m'était entré dans la cuisse, lorsque je fus frappé au molet que j'eus en partie enlevé ; renversé du coup, perdant beaucoup de sang, je fus forcé de me laisser transporter au poste d'où je n'ai pu remonter après le pansement, ma blessure étant trop grave. »

Vrignaud prit le commandement, faisant tirer sur la mâture du *London* ; il espérait pouvoir échapper grâce à la vivacité de son feu qui avait désemparé l'ennemi quand, ayant eu le bras emporté, il dut remettre le commandement au lieutenant de vaisseau Chassériau qui continua la manœuvre ; mais *le London*, réparé, rejoignit notre vaisseau ; les autres bâtiments approchaient. On signala à *la Belle-Poule*, « liberté de manœuvre » ; celle-ci, cherchant à fuir, fut bientôt combattue par une forte frégate, *l'Amazone*, commandant W. Parker [2].

A neuf heures et demie, le second appela les commandants de batterie : celui de la batterie basse l'informa qu'il avait trois pièces de 36 démontées et une partie des bragues et palans coupés, celui de la seconde batterie qu'il avait quatorze pièces de 18 démontées. Il manquait considérablement de monde dans les deux batteries. Chassériau informa l'amiral de cette situation, ajoutant que plusieurs vaisseaux allaient bientôt être à portée. Celui-ci répondit de forcer de voiles et, en tout cas, de n'amener que pour la division. Quelques minutes après, un nouveau message lui apprit que *le London*

1. Bonnefoux, *Manœuvrier complet*, p. 361.
2. Sir William Parker (1781-1866) ; il eut une brillante carrière.

n'était plus qu'à une portée de fusil par la hanche de tribord *du Marengo*, qu'un autre vaisseau de 74 (*le Repulse*) avait la même position à bâbord, qu'un troisième vaisseau de 74 était à la même distance dans ses eaux (*Ramillies*), et que le bâtiment amiral approchait. Linois répondit alors à Chassériau qu'il s'en rapportait à lui pour l'honneur. Celui-ci fit amener le pavillon.

La Belle-Poule combattait vaillamment *l'Amazone*, mais, rejointe bientôt par *le Ramillies*, son commandant donna l'ordre de cesser le feu. Au commandement de « bas le feu », une immense clameur retentit. L'équipage protestait : *la Belle-Poule* ne pouvait être prise. Le pavillon venait d'être emporté par un boulet ; le chef de timonerie Couzamet se saisit d'un autre et, se suspendant à la corne de la brigantine, le fit flotter au vent. Tant d'héroïsme ne pouvait sauver que l'honneur. Un troisième vaisseau anglais s'approchant, le vaisseau de gauche laissa arriver, sans tirer, sur la frégate, et son commandant, Pickmore, se montrant à découvert, au péril de sa vie, cria : « Braves Français, ... toute résistance est inutile, rendez-vous, je vous en conjure, au nom de l'humanité ! » Bruillac comprit alors son vrai devoir et, impérativement, il fit amener le pavillon. *La Belle-Poule* avait deux pièces démontées, six morts et vingt-quatre blessés ; *le Marengo*, quatre-vingt-un tués et cent neuf blessés. L'état-major des bâtiments comptait deux tués [1] et douze blessés. Les pertes anglaises étaient bien moindres : sur *le London*, dix tués et vingt-deux blessés ; sur *l'Amazone*, quatre morts et cinq blessés.

La carrière de Linois était finie ; huit années durant, il devait rester captif en Angleterre. Quand il revint en France, il retrouva sa patrie envahie et vaincue. Après un court retour à l'activité, il allait, jeune encore, demeurer dans la retraite. La fortune, qui s'était montrée si souriante pour lui à Algésiras, semblait avoir épuisé ses faveurs. Elle fut cruelle même à sa mémoire aujourd'hui oubliée dans le silence de la tombe.

Il nous faut, maintenant, porter un jugement d'ensemble sur cette

1. MARTINIEN, *Tableau par corps et par bataille des officiers tués pendant le 1er Empire*, p. 683. Tués : Le Masson, lieutenant de vaisseau ; de Brachet, aspirant ; blessés : Linois, contre-amiral ; Vrignaud, capitaine de vaisseau ; Ravin, Julien, lieutenants de vaisseau ; Bourayne, Linois, Dubaudier, enseignes ; Frizon, Chamisseau, Raphel, aspirants ; Robinot, comptable. Sur *la Belle-Poule* : blessé, Delaporte, lieutenant de vaisseau.

longue campagne. « Jamais aucun marin n'a montré plus de persévérance que Linois à rechercher l'ennemi ; jamais aucun n'a eu plus de chance pour le rencontrer et n'a été plus malheureux dans le résultat de ses rencontres... ; l'ensemble de sa carrière est marqué par l'erreur ou la malechance [1]. » Ce jugement sévère peut paraître exact à ne considérer que les faits, mais il doit, semble-t-il, être réformé si on veut bien se rendre compte que l'idée qui l'a dicté ne pouvait être celle qui inspirait la conduite de Linois. Pour les Anglais, la guerre navale c'était la destruction des forces ennemies ; pour Linois, et ses instructions lui en faisaient un devoir, c'était la ruine du commerce britannique. Toute sa carrière dénote un sentiment très vif de sa responsabilité en même temps qu'une ténacité indomptable quand les événements l'ont réduit à la défensive. C'est ce sentiment de sa responsabilité qui explique l'indécision et la faiblesse apparentes qu'il montra dans les engagements qu'il livra, au cours de sa campagne. Il eût pu vaincre l'ennemi, mais c'eût été une victoire sans lendemain. Or, dans sa pensée, son devoir était d'éviter tout ce qui pourrait annihiler ses forces. « Dans une campagne hauturière, on ne doit s'attacher qu'à des progrès faciles et éviter, de tous ses efforts, les engagements sérieux que pourraient, par un triomphe chèrement acheté, terminer des victoires, moins disputées, dont la succession doit enrichir la patrie de toutes les pertes qu'elle fait essuyer à l'ennemi [2]. »

Cette campagne hauturière, Linois l'a admirablement dirigée. Sa dernière croisière est remarquable par son étendue ; elle peut donner une juste idée de l'activité avec laquelle on doit harceler l'ennemi. Il faut paraître partout, n'être vu nulle part : c'est ce qu'il fit [3].

Il commit des erreurs. Il s'acharna à conserver *le Marengo* qui marchait mal et compromit parfois la division. Un autre eût, peut-être, pensé qu'à la tête d'une escadre légère, il y aurait plus de gloire à acquérir, plus d'occasion d'un coup d'éclat. Il eût pu se souvenir que de grands marins n'avaient pas dédaigné ce rôle et y avaient trouvé la gloire. Dans ses querelles avec Decaen, il est juste de reconnaître que tous les torts ne provinrent pas de lui.

1. BRENTON, *op. cit.*, t. II, p. 12.
2. Fulgence GIRARD et LECOMTE, *op. cit.*, t. IV, p. 316.
3. BONNEFOUX, *Manœuvrier complet*, p. 323.

Les erreurs les plus fortes furent commises par Decrès et, disons-le, par l'Empereur. Ils eurent, un moment, dans les mers de l'Inde, un homme qui avait fait ses preuves, des vaisseaux français et bataves qui, réunis, eussent constitué une escadre de six vaisseaux et de plusieurs frégates. Ils ne songèrent à leur concentration que trop tard. Alors même que leur dessein sur l'Inde était abandonné, quelle puissante diversion cette force n'eût-elle pu faire, dans les mers de l'Inde, à leur attaque directe sur l'Angleterre ? Ils laissèrent sans secours un marin éminent, et celui-ci, avec un vaisseau et trois frégates qui ne furent jamais réunis, fit perdre aux Anglais vingt-trois bâtiments, leur causa trente millions de dommages, sut échapper à leur force de quatorze vaisseaux et d'autant de frégates, tout en se montrant à l'entrée de leurs rades et ports. Cette campagne ne fut donc pas sans honneur pour Linois. Si les résultats ne furent pas plus heureux, plus féconds en grands avantages, il faut s'en prendre davantage à notre conception de la guerre maritime et à notre politique qu'aux hommes de mer qui en furent les victimes.

MACON, PROTAT FRÈRES, IMPRIMEURS

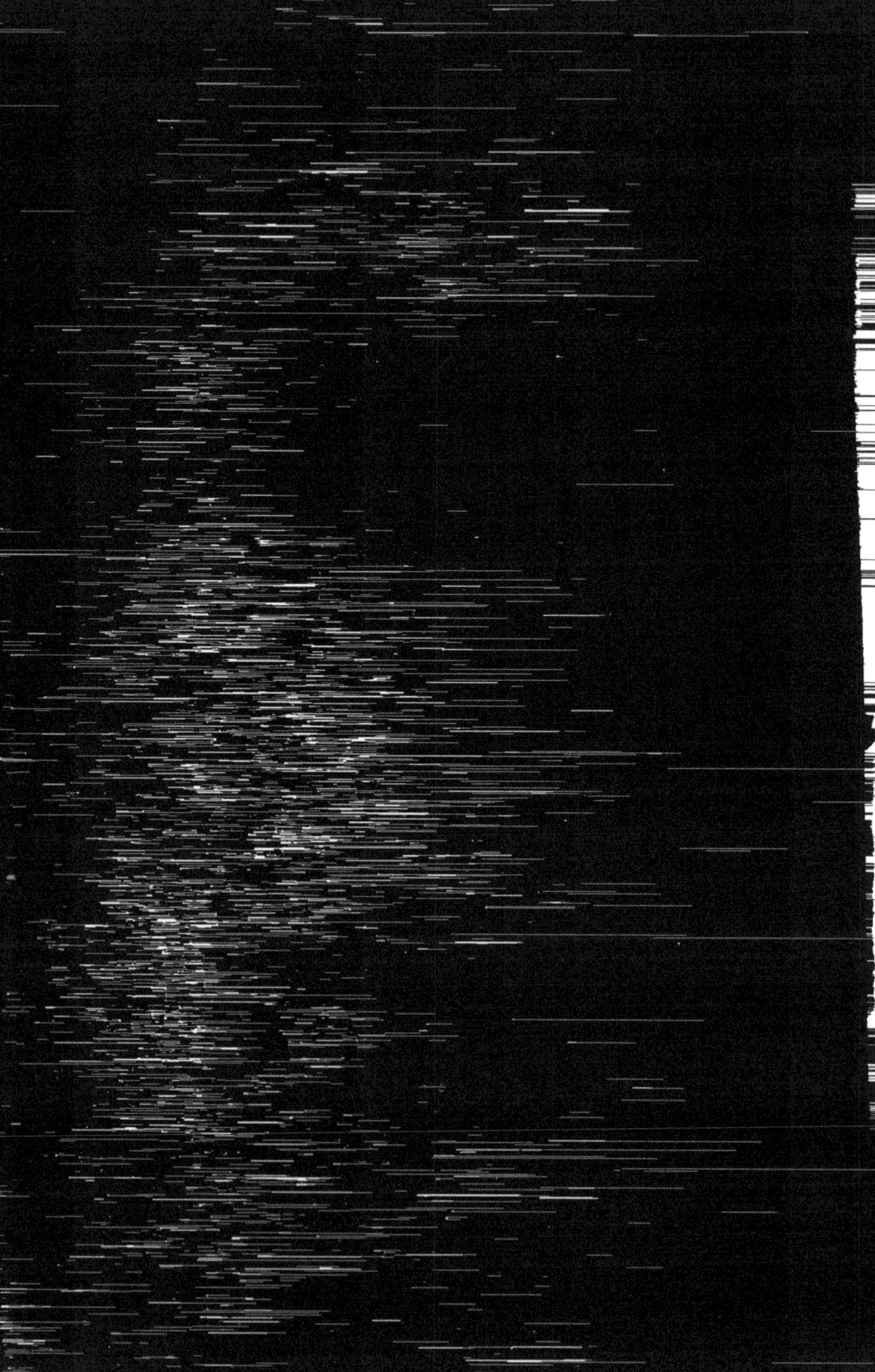

www.ingramcontent.com/pod-product-compliance
Ingram Content Group UK Ltd.
Pitfield, Milton Keynes, MK11 3LW, UK
UKHW021232230726
13926UKWH00003B/1382

9 782013 684705